1883. 8 Février

CATALOGUE
DE ROMANS
DES XVIIIe ET XIXe SIÈCLES

ET

D'OUVRAGES DIVERS

LA PLUPART BROCHÉS

DONT LA VENTE AURA LIEU

LES JEUDI 8, VENDREDI 9 ET SAMEDI 10 FÉVRIER 1883

à 7 heures 1/2 du soir

RUE DES BONS-ENFANTS, 28, (Maison Silvestre)

SALLE N° 1

Par le ministère de Me MAURICE DELESTRE, *Commissaire-Priseur, rue Drouot,* 27

PARIS

Vve ADOLPHE LABITTE,

LIBRAIRE DE LA BIBLIOTHÈQUE NATIONALE

4, RUE DE LILLE, 4

1883

Saint-Quentin. — Imp. J. Moureau et Fils.

ORDRE DES VACATIONS

PREMIÈRE VACATION, LE JEUDI 8 FÉVRIER
Nos 1 à 220

DEUXIÈME VACATION, LE VENDREDI 9 FÉVRIER
Nos 221 à 435

TROISIÈME VACATION, LE SAMEDI 10 FÉVRIER
Nos 436 à 651

CONDITIONS DE LA VENTE

La vente se fait expressément au comptant.

Les acquéreurs payeront cinq pour cent en sus des enchères, applicables aux frais.

Il y aura exposition le jour de la vente, de 2 à 4 heures, des livres qui seront vendus le soir.

Les livres devront être collationnés dans les vingt-quatre heures de l'adjudication. Passé ce délai, ou une fois sortis de la salle de vente, ils ne seront repris pour aucune cause.

M. Em. Paul, gérant de la librairie Vve Adolphe Labitte, chargé de la vente, remplira les commissions des personnes qui ne pourraient y assister.

CATALOGUE

DE ROMANS

DES XVIIIe ET XIXe SIÈCLES

ET D'OUVRAGES DIVERS

LA PLUPART BROCHÉS.

1. ACADÉMIE GALANTE. *Amsterdam, Estienne Roger*, 1708, 2 part. en 1 vol. in-12, front. br.

2. ADAM (Victor). Les Arts et Métiers, avec 24 vignettes. *Paris, Louis Janet, s. d.*, in-16 carré, fig. lithogr. en couleur, demi-rel. bas.

3. ADOLPH von Leonstein oder die Ritterproben, eine frankische Geschichte aus dem 14ten Jahrhundert. *Leipzig*, 1796, in-12, portr. br.

4. ADOLPHUS. Histoire des diables modernes, par le feu M. Adolphus, juif anglais. *Clèves, Baerstecher*, 1771, in-12, cart.

5. ÆSOPI Phrygis fabulæ... *Lugduni, apud Tornaesium*, 1570, pet. in-12 à 2 col. nombr. vign. sur bois dans le texte, parch.

   Texte grec et latin.

6. AFFAIRES (Les) qui sont aujourd'huy entre les maisons de France et d'Austriche. *S. l. (à la Sphère)*, 1662, pet. in-12 vél.

7. ALBÉRONI (cardinal Jules). Testament politique, recueilli par Monsignor A. M., traduit de l'italien, par le C. de R. C. M. *Lausanne*, 1753, in-12, br.

8. ALBERT (D^lle^ d'). Les Confidences d'une jolie femme. *Francfort, Esslinger*, 1775, 4 part. en 1 vol. pet. in-8, cart. non rog.

9. ALCORAN (L') de Mahomet, translaté d'arabe en françois, par Du Ryer, sieur de La Garde Malezair. *A Paris, chez Antoine de Sommaville*, 1672, pet. in-12, bas. gran.

10. ALIBERT (le baron). Nosologie naturelle ou les Maladies du corps humain distribuées par familles. *Paris, Germer-Baillière*, 1838, fort vol. gr. in-4, portr. de l'auteur et fig. color. demi-rel. bas.

11. ALMANAC généalogique pour l'année bissextile 1780. *Berlin, s. d.* (1780). — Almanac de Gœttingue pour l'année 1785. *S. l. n. d.*, (1785). — Konigl. grosbritannischer-historischer-genealogischer Calender für 1789. *Gottingen, s. d.*, (1789). — Gothaischer Hof-Kalender zum Nutzen u. Vergnügen auf das Jahr 1798. *Gotha, C. W. Ettinger, s. d.* (1798). — Ens. 4 vol. in-18, fig. cart. tr. dor.

12. ——— CALENDRIER DE LA COUR, imprimé pour la famille royale. *Paris, chez la veuve Hérissant*, 1783, in-18, mar. vert, comp. tr. dor. (*Rel. anc.*)

13. ——— de Gotha contenant des connaissances diverses et utiles pour l'année 1788. *Gotha, chez Étinger*, 1788, in-18, cart.

Petit almanach curieux contenant des planches de figures gravées, représentant des coiffures et costumes français et anglais. Cet exemplaire est incomplet de la fin. — Très fortement taché d'encre.

14. ——— DES MODES, suivi de l'Annuaire des Modes : Troisième année. *Paris, Rosa*, 1816, in-12, fig. color. cart. tr. dor.

15. ——— THE ROYAL REPOSITORY, or Picturesque Pocket Diary, containing an Almanack, the Sovereings of Europe, Peers of Great Britain and Ireland, Members of the Imperial Parliament, etc... *London, s. d.* (1821), pet. in-12, vignettes sur acier, cart.

16. ——— GENEALOGISCHER CALENDER auf das Jahr 1778, 1780, 1782, 1783, 1784, 1786, 1794, 1797, 1799, 1801. 11 vol. in-18, portr. et fig. cart. et reliés en soie.

La plupart de ces Almanachs, publiés à Berlin, contiennent des figures de Chodowicki.

Quelques-uns sont très fatigués.

17. ——— PANDORA, oder Taschenbuch des Luxus und der Moden, für das Jahr 1788 und 1789. *Weider, s. d.* (1788-1789), 2 vol. in-18, fig. cart. tr. dor.

18. ——— RÉVOLUTIONS-ALMANACH, von 1793, 1794, 1795 et 1797, 4 vol. in-12, portr. et fig. br.

Curieuses figures représentant des scènes de la Révolution.

19. ——— GŒTTINGER-TASCHEN-CALENDER für das Jahr 1794, bey Joh. Christ. Dieterich. *Göttingen*, 1794, in-18, cart. tr. dor.

Petit Almanach curieux contenant douze jolies planches gravées, représentant différents costumes et modes de l'époque. Les personnages sont en pied.

20. ——— HISTORISCHER KALENDER auf das Gemein-Jahr 1803. Wallenstein von Woltmann. *Berlin, J. F. Unger, s. d.* (1803), in-12, portr. et fig. de Chodowicki, cart.

21. ——— KEYSER & MOLLER. Reformations-Almanach auf das Jahr 1819 und 1821. *Erfurt, s. d.* (1819-1821), 2 vol. in-12, portraits et fac-simile d'écriture, cart.

22. ——— MINERVA. Taschenbuch für das Jahr 1828 et 1831. *Leipzig, Fleischer*, 2 vol. in-12, fig. sur acier, cart. tr. dor.

23. ——— DE NIEUWE PRINCELYKE Haagse Almanach voor het Joar 1776. *In's Gravenhage, by Pieter Servaas, s. d.* (1766), pet. in-12, fig. bas. r.

24. AMANS (Les) cloîtrés, ou l'heureuse inconstance. *Paris*, 1763, in-12 de 62 pp. cart.

25. AMOURS (Les) de Zéokinizul, roi des Kofirans, traduit de l'Arabe du voyageur Krinelbol. *Amsterdam*, 1746, in-12, br.

Attribué à Mme de Vieux-Maisons et à Crébillon le fils.

26. AMPÈRE (J. J.). Littérature et voyages. Allemagne et Scandinavie. *Paris, Paulin*, 1833, in-8, cart.

Cachet sur le titre et mouillures.

27. AMUSEMENS DES EAUX de Schwalbach, des bains de Wisbaden et de Schlangenbad. Avec deux relations curieuses : l'une de la nouvelle Jérusalem et l'autre d'une partie de la Tartarie indépendante. *Liège, Everard Kints*, 1738, pet. in-8, 3 planches, br.

Ouvrage attribué au chevalier de La Pimpie Solignac et à David de Merveilleux.

28. AMUSEMENS d'un prisonnier. *Paris*, 1751, 2 parties en 1 vol. pet. in-12, cart.

29. ——— d'un prisonnier. *Paris*, 1751, 2 vol. pet. in-12, cart.

30. ANGOLA, histoire indienne. Ouvrage sans vraisemblance. *A Agra, avec privilège du grand Mogol*, 1748, 2 parties en 2 vol. in-12, br.

Ouvrage attribué au duc de La Trémouille et au chevalier Rochette de La Morlière.

31. ANNIBAL, tragédie (en français). *S. l. n. d.*, in-8 de 83 pp. cart.

Exemplaire corrigé et changé de la main de l'éditeur; sur le titre on lit : « Epreuve corrigée par notre respectable père. (Signé :) Hyacinthe Didot. »

32. ANTHING. Les campagnes du feld-maréchal comte de Souwarow Rymnikski, traduit de l'allemand par M. de Serionne. *A Gotha*, 1789, 3 vol. in-8, portr. et pl. grav. cart. non rog.

33. ANTONIN (l'empereur *Marc-Aurèle*). Pensées morales. *Amsterdam, chez Jean Ravesteyn*, 1659, pet. in-12, titre gr. contenant le portr. de Marc Antonin en médaillon, vél.

La traduction de ce livre est attribuée à B. J. Krus.

34. ANTONINI (l'abbé). Grammaire italienne à l'usage des dames, avec des dialogues et un traité de la poésie. *Paris, Rollin*, 1728, pet. in-8, br.

35. ARAGO (J.) & A. KERMEL. Insomnies. Deuxième édition. *Paris, Guillaumin*, 1833, in-8, cart. non rog.

Cachet sur les titres. Coupures aux pages 245 à 265.

36. ARGENS (le marquis *d'*). Mémoires de la comtesse de Mirol, histoire piémontoise. *La Haye, Adrien Moetjens*, 1736, 3 parties en 1 vol. pet. in-12, br.

37. ——— Le Fortuné Florentin, ou les Mémoires du comte de La Vallée. *La Haye, Jean Gallois*, 1737, pet. in-12, br.

38. ——— Mémoires secrets de la République des Lettres, ou le Théâtre de la Vérité, par l'auteur des « Lettres Juives. » *Amsterdam, Desbordes*, 1737-39, 12 vol. pet. in-12, br.

39. ——— La Philosophie du bon sens ou Réflexions philosophiques sur l'incertitude des connoissances humaines..... augmentée des remarques de M. l'abbé d'Olivet. *La Haye, Pierre Paupie*, 1740, 2 vol. in-12, portr. et front. gr. br.

40. ——— Le Triomphe de la vertu, ou Voyages sur mer, et aventures de la comtesse de Bressol. *La Haye, Gallois*, 1741, 3 vol. in-12, br.

41. ——— Mémoires du chevalier de ***. *Paris*, 1747, 2 parties en 1 vol. in-12, br.

42. ARLEQUIN reviseur et mediateur, ou l'Europe pacifiée pour ne rompre jamais. A grands maux violens remèdes. *Londres*, 1749, in-12 de 68 pp. cart. non rog.

43. ARLINCOURT (vicomte d'). Les Écorcheurs, ou l'usurpation et la peste, fragments historiques, 1418. *Paris, E. Renduel*, 1833, 2 vol. in-8, cart. non rog.
Fortes mouillures.

44. ARNAUD (d'). Nancy ou les malheurs de l'imprudence et de la jalousie, histoire imitée de l'anglais. *Paris, Le Jay*, 1768, br. in-8 de 46 pp. front. 1 vign. et 1 cul-de-lampe d'Eisen grav. par de Gendt.

45. ART (L') DE PLUMER la poule sans crier. *Cologne, Robert Le Turc*, 1710, in-12, front. gr. br.

46. ——— connaître les femmes, avec une dissertation sur l'adultère, par le chevalier Plante-Amour. *La Haye, Jacques van den Kieboon*, 1730, in-12, br.
Mouillures.

47. (AULNOY) (comtesse d'). Mémoires de la cour d'Espagne. *La Haye, Adrian Moetjens*, 1691, 2 parties en 1 vol. pet. in-12, br.

48. ——— Le comte de Warwick. *Amsterdam, Jacques Desbordes*, 1715, 2 tomes en 1 vol. in-12, front. gr. br.
Légères mouillures.

49. (AUNILLON) (l'abbé). La Force de l'éducation. *Londres*, 1755, in-12, br.

50. AVENTURES (les) trop amoureuses, ou Élisabeth Chudleigh, ex-duchesse douairière de Kingston, comtesse de Bristol et la marquise de La Touche sur la scène du monde. *Londres*, 1776, in-12, cart.

51. Baccan (messire François). Les Œuvres morales et politiques. De la version de J. Baudoin. *Paris, Toussaint Quinet*, 1637, in-8, bas.

52. Baitby. Henry Bennet et Julie Johnson, ou les esquisses du cœur, roman traduit de l'anglais, par D. Leriguet. *Paris, Louis*, 1794, 3 tomes en 1 vol. in-12, 3 front. cart. non rog.

53. Balzac (de). Aristippe, ou de la Cour. *Leide, Jean Elzevier*, 1658, pet. in-12, front. gr. vél.

54. ———. Les Entretiens (publiés par Girard, archidiacre d'Angoulême). *Amsterdam, Louis et Daniel Elzevier*, 1663, in-12, titre gr. bas.

55. ——— La Peau de Chagrin, roman philosophique. *Paris, Charles Gosselin*, 1831, 2 vol. in-8, cart.

Cachets sur les titres.

56. ——— Les Contes drolatiques. Édition illustrée de 425 dessins par Gustave Doré. *Se trouve à Paris, ez bureaux de la Société générale de Librairie*. 1855, fort vol. in-8, fig. dans le texte, br.

Première édition avec les fantastiques illustrations de Gustave Doré.

57. ——— Petites misères de la vie conjugale, illustrées par Bertall. *Paris, Chlendowski, s. d.*, gr. in-8, vign. dans le texte et fig. hors texte, cart. percal. bleue, fers spéciaux sur les plats, tr. dor.

58. (Barbier d'Aucourt). Onguant pour la brûlure, ou le Secret pour empêcher les Jésuites de brûler les livres. *S. l. n. d.*, in-4 de 50 pp. cart.

Manque le titre.
Mouillures.

59. Basta (Georg). Gouverno della Cavalleria, das ist Bericht von Anführung der leichten Pferde, dabey auch was die schweren belanget... *Frankfurt-a. M.*, 1614, in-4, titre gravé, nombr. planches, parchem.

60. Bazin (G. A.). Histoire naturelle des Abeilles. *Paris, chez les frères Guérin*, 1744, 2 vol. in-12, planches gr. br.

61. Beaumont (Mme Leprince de). Lettres d'Émerance à Lucie.

Leide, P. H. Jacqueau, 1766, 2 vol. in-12, cart. non rog.

62. BEAUCLAIR (de). Histoire de Mademoiselle de Grisolles, écrite par elle-même. *Londres*, 1770, pet. in-8, cart.

63. BEAULIEU (D[lle] de). Histoire de la Chiaramonte, par une demoiselle françoise. *Paris, Richer, s. d.*, in-12, titre gr. parch.

64. BEAURIEU. L'Élève de la nature. *Paris, Dufart*, 1796, 2 tomes en 1 vol. pet. in-12, front. gr. br.

65. BEAUTÉS DE L'OPÉRA (Les), ou chefs-d'œuvre lyriques illustrés sous la direction de Giraldon, texte par Théophile Gautier, Jules Janin et Philarète Chasles. *Paris, Soulié*, 1845, in-4, vign. dans le texte et portraits sur acier hors texte, demi-rel. bas. verte.

66. BEAUVAIS. Oraison funèbre de Louis XV le Bien-Aimé, prononcée dans l'église de l'abbaye royale de Saint-Denis, le 27 juillet 1774, par messire de Beauvais, évêque de Senez. *Paris, Guillaume Desprez*, 1774, in-12 de 63 pages, cart.

67. BEHRINGER. Das bayerische Heer in seiner neuesten Uniformirung. *Munchen, s. d.*, collection de 22 planches lithogr. en couleur réunies dans un carton pet. in-4.

68. BELLEGARDE (l'abbé de). Traité de la Civilité, ou l'Education parfaite qui se pratique parmi les honnêtes gens. *Bruxelles, s. d.*, pet. in-12, br.

69. BÉRANGER. Chansons nouvelles. *Paris*, 1825, in-12, br.

70. BERCHOUX (Jos.). Le Philosophe de Charenton, par l'auteur de la Gastronomie. *Paris; Giguet et Michaud*, 1803, in-16, br.

71. BERALDE, prince de Savoye. *La Haye, Jean Neaulme*, 1719, 2 part. en 1 vol. pet. in-12, br.
Très légère piqûre de ver.

72. BERTHOUD (Henry). Chroniques et traditions surnaturelles de la Flandre, publiées par M. Ch. Lemesle. *Paris, Werdet*, 1831, in-8, br.

73. ——— Contes misanthropiques, publiés par Charles Lemesle. *Paris, Werdet*, 1832, in-8, cart. non rog.

74. BESCHRIJVING DER KLEEDING, equipement an Wapening

van de Nederlandsche Land-Zeemagt en Schutterijen, Zoo binnen het Koningrijk, als in des Zelfs overzeesche bezittingen. *Amsterdam, Leman*, 1845, in-4, environ 63 planches en couleur, cart.

75. BIBIENA (Galli de). Histoire des amours de Valérie et du noble vénitien Barbarigo. *Lausanne et Genève*, 1741, in-12, br.

Mouillures.

76. ——— La Poupée. *Londres, Cazin*, 1782, in-18, bas. tr. dor.

77. BIBLIOTHÈQUE du théâtre français depuis son origine...... (par le duc de La Vallière, Marin, Capperonnier et l'abbé Boudot). *Dresde, Groell* (*Paris, Bauche*), 1768, 3 vol. in-8, front. de Cochin grav. par Massard, cart. non rog.

78. BIOGRAPHICAL MAGAZINE (THE), containing Portraits and Characters of eminent and ingenious Persons, of every age and nation. *London, Harrisson*, 1794, in-8, titre et environ 135 portraits grav. en médaillons à mi-pages, demi-rel. bas.

Exemplaire sur papier fort.

79. BION et MOSCHUS. Idylles, traduites du grec en vers français (par Delongepierre). *Paris, Pierre Aubouin*, 1686, 2 part. en 1 vol. in-12, 2 frontisp. gr. bas.

80. BIRAC (Sieur de). Les fonctions du capitaine de cavalerie et les principales de ses subalternes. *Paris, Gabriel Quinet*, 1675. — Les fonctions de tous les officiers de l'infanterie, par M. de Lamont. *Paris, Gabriel Quinet*, 1675. — Pratique et maximes de la guerre, par le chevalier de La Valière. *Paris, Estienne Loyson*, 1675. — Ensemble 3 ouvrages en 1 vol. pet. in-12, front. et fig. gr. vél.

81. BLAINVILLE. La Sardaigne paranymphe de la paix aux Souverains de l'Europe. *A Boulogne*, 1714. — Rome, Paris et Madrid ridicules (par Saint-Amand, Le Petit et de Blainville, avec remarques et un recueil de poésies choisies, par M. de B... *Paris, Pierre Le Grand*, 1713. — Ensemble 2 part. en 1 vol. in-12, 1 front. gr. bas.

82. BLANCHETON. Vues pittoresques des châteaux de France,

avec texte. *Paris, Didot, s. d.*, in-fol. titre lithogr. demi-rel. bas. non rog.

Tome II, contenant 127 pages de texte, 1 portrait et 60 planches lithogr.

Cachet sur le titre.

83. BLANVILLAIN (J. F. C.). Le Pariseum ou tableau actuel de Paris. *Paris, Piranesi*, 1807, gr. in-12, br.

84. BLOCH'S (Eduard) Album der Bühnen-Costume, mit erlauterndem Texte von Tiek. *Berlin, s. d.*, 2 tomes en 1 vol. in-4, papier fort, fig. lithogr. et color. cart. percal. gren. tr. dor.

85. BLONDEL. Nouvelle manière de fortifier les places. *La Haye, Arnout Leers*, 1684, in-12, pl. grav. parch.

86. ——— Des hommes tels qu'ils sont et doivent être. *Hambourg, Hérold*, 1760, in-12, br.

87. BONAIR (Sieur de). La Politique de la maison d'Austriche, et Discours sur la conjecture présente des affaires d'Allemagne. *Paris, A. de Sommanville*, 1658, 2 parties en 1 vol. pet. in-12, vél.

88. BONNEVAL (Mlle de). Mémoires écrits par M***. *Paris, Ganneur*, 1738, in-12, br.

89. BORDELON. Caractères naturels des hommes en cent dialogues. *La Haye, chez Louis et Henry Van Dole*, 1692, pet. in-12, cart.

90. ——— Les Solitaires en belle humeur. Entretiens recueillis des papiers de feu M. le marquis de M***. *Paris*, 1725, 3 vol. in-12, front. et fig. br.

91. BOSSUET. Premier avertissement aux Protestants sur les lettres du ministre Jurieu contre l'Histoire des variations, le christianisme flétri et le socinianisme autorisé par ce ministre. *Paris, chez la veuve de Sébastien Mabre-Cramoisi*, 1690, in-4 de 48 pages, cart. non rog.

92. ——— Exposition de la doctrine de l'Eglise catholique sur les matières de controverse, avec un avertissement sur cette édition. *Bruxelles, Frickx*, 1712, 2 parties en 1 vol. pet. in-12, bas.

La 1re partie contient l'avertissement, différentes lettres à l'auteur sur son livre et diverses traductions de ces lettres.

Rare.

93. **Bouchardon** (Edm.). L'Anatomie nécessaire pour l'usage du dessin. *Paris, Chereau et Joubert, s. d.*, recueil de 1 titre et 15 planches grav. par Huquier et réunies en 1 vol. in-fol. cart.

La première planche contient la table grav. du nom des os et muscles et à la suite se trouve un feuillet manuscrit en langue suédoise contenant l'explication des planches.

94. **Boudard** (André). Mémoires, lettres et pièces authentiques touchant la vie et la mort du duc d'Enghien. *Paris, Audin*, 1823, in-8, portr. et fac-simile d'écriture, br.

95. **Boudier de Villemer.** L'ami des femmes. *Paris*, 1759, in-12, cart. non rog.

96. **Bouffonidor.** Les fastes de Louis XV, de ses ministres, maîtresses, généraux et autres notables personnages de son règne. *Villefranche, chez la veuve Liberté*, 1782, 2 vol. in-8, cart. non rog.

97. **Bougeant** (le P. Jésuite). Le saint déniché ou la banqueroute des marchands de miracles, comédie. *Cracovie, Le Sincère*, 1732, in-12, cart.

98. ——— Amusement philosophique sur le langage des bestes. *Paris, Gissey*, 1739, in-12, cart. non rog.

99. **Bouhours** (le P.). Histoire de Pierre d'Aubusson, grand maistre de Rhodes. *Paris, Mabre-Cramoisy*, 1676, in-4, front. et fig. bas.

100. **Bourdelot** et **Bonnet.** Histoire de la musique et de ses effets, et en quoi consiste sa beauté. *Amsterdam, Jeanne Roger, s. d.*, 4 vol. gr. in-12, br.

Quelques taches de moisissure aux tomes I et II.

101. **Boyle** (capitaine Robert). Les Voyages et aventures du capitaine Boyle, où l'on trouve l'histoire de Mademoiselle Villars, avec qui il se sauva de Barbarie. *Amsterdam, Weistein et Smith*, 1730, 2 tomes en 1 vol. in-12, fig. br.

102. **Brantôme.** Œuvres. *Paris, Bastien*, 1787, 8 vol. in-8, portrait, bas.

103. **Bret.** Mémoires sur la vie de Mlle de Lenclos. *Amsterdam, Joly*, 1763, 3 vol. in-12, portrait, cart. non rog.

104. **Brisset.** Le mauvais œil, tradition dalmate, suivi

d'une nouvelle française. *Paris, Urbain Cassel*, 1833, in-8, cart.

Cachet sur le titre.

105. Brueys (de). Réponse au livre de M. de Condom intitulé : Exposition de la doctrine de l'Eglise catholique sur les matières de controverse. *Genève, Pictet*, 1681, in-12, parch.

106. Bruys (François). Les Vertus du beau sexe, par M. F*** D*** C***. Ouvrage posthume. *La Haye, Jaques van den Kieboom*, 1733, in-12, br.

Attribué à François Bruys.

107. Bussy-Rabutin. Amours des dames illustres de France. *Cologne, Lamoureux*, 1709, 2 parties en 1 fort vol. pet. in-12, bas.

Reliure très fatiguée.
La 2e partie porte comme titre : Histoire amoureuse des Gaules.

108. ——— Amours des dames illustres de France sous le règne de Louis XIV. *Cologne, Pierre Marteau, s. d.* (1737), 2 vol. in-12, front. et fig. non sig. br.

Edition la plus complète de ce recueil, contenant :
L'Histoire amoureuse des Gaules, de Bussy-Rabutin, les Amours de La Vallière, Lupanie, etc...

109. Caillière (de). Le courtisan prédestiné, ou le duc de Joyeuse, capucin. *Paris, Musier*, 1728, in-12, portr. br.

110. Callière (de). De la science du monde et des connaissances utiles à la conduite de la vie. *Bruxelles, Léonard*, 1719, in-12, br.

111. Calonne (de). Réponse à l'écrit de M. Necker, contenant l'examen des comptes de la situation des finances rendus en 1774, 1776, 1781, 1783 et 1787. *Londres*, 1788, in-8, demi-rel. bas.

112. Canler. Mémoires de Canler, ancien chef du service de sûreté. *Paris, Hetzel, s. d.*, in-12, br.

113. Caraccioli. Le livre à la mode. *A Verte-Feuille, imprimerie du Printemps, l'année nouvelle* (*Paris, Duchesne*, 1759), pet. in-8 de 86 pages, cart. non rog.

Imprimé en vert.

114. Carnaval (le), ou représentation d'une collection d'habits de masques. *Leipzig, s. d.*, pet. in-4, 12 pl. de fig. en couleur, cart.

Texte français et allemand.

115. Carnot. Réponse au rapport fait sur la conjuration du 18 fructidor an V, au Conseil des Cinq-Cents, par Ch. Bailleul. *Londres*, 1799, in-12, demi-rel. bas.

116. Carra (J. L.). L'orateur des Etats généraux pour 1789. *S. l. n. d.* 34 pp. — Le premier coup de Vêpres, avis à la Chambre des Communes, sur la retraite des privilégiés, pour servir de suite à l'orateur des Etats généraux. *De l'imprimerie de M. Necker*, 1780, 23 pp. — Ens. 2 parties en 1 vol. in-8, cart.

117. Carrion-Nisas (le Colonel). Essai sur l'histoire générale de l'art militaire..... *Paris, Delaunay*, 1824, 2 forts vol. in-8, planches, br.

118. Catalda. Le Paysan gentilhomme, ou aventures de M. Ransau, avec son voyage aux isles Jumelle. *La Haye, Pierre de Hondt*, 1738, 2 parties en 1 vol. pet. in-12, br.

119. Catalogus provinciarum Societatis Jesu, domorum, Collegiorum...... *Romæ, Zannetti*, 1626, in-24 de 58 pp. vélin.

120. Caunter. Tableaux pittoresques de l'Inde, traduits de l'anglais. *Paris, Bellizard*, 1835, 2 vol. gr. in-8, pap. vél. fig. sur acier d'après les dessins originaux de Daniell, mar. r. fil. comp. à froid sur le dos et les plats, tr. dor. (*Hering et Muller.*)

Légères taches d'humidité.

121. Cavelier (Louise). Le Prince des Aigues Marines et le Prince invisible, contes. *Paris, Coustelier*, 1744, in-12, fig. de Cochin, grav. par Duflos, br.

122. Caylus (Madame de). Les Souvenirs, publiés par les soins de Voltaire. *Amsterdam, Jean Robert*, 1770, in-8, v. ant. marb. fil.

1re édition ; on a relié avec ce volume 4 ff. contenant des augmentations manuscrites.

123. ——— Les souvenirs (publiés par les soins de Voltaire). *Amsterdam, Jean Robert*, 1770, pet. in-8, cart.

124. CERDAN (J. Paul comte de). L'Europe esclave si l'Angleterre ne rompt ses fers. *Cologne, Jean l'Ingénu*, 1702, pet. in-12 de 90 pp. cart.

125. CERVANTÈS. Novelas exemplares de Miguel de Cervantès Saavedra. *En Amberes, Bousquet*, 1743, 2 vol. in-8, fig. br.

126. ——— Histoire de l'admirable don Quichotte, de la Manche (traduite par Filleau de Saint-Martin). *Francfort, Bassompierre*, 1650, 6 vol. in-12, fig. demi-rel. bas.

Une des plus jolies éditions de cette traduction.

127. ——— Histoire de l'admirable don Quichotte de la Manche. *Amsterdam, Pierre Humbert*, 1775, 6 vol. in-12, fig. br.

128. CHANSONS choisies, avec les airs notés. *Londres, Cazin*, 1783, 4 vol. in-18, bas. écaille, fil. tr. dor.

129. CHAPPELL. Les devoirs d'un gentilhomme. Traduit de l'anglais (par Mlle Durel). *Amsterdam*, 1719, in-12, br.

130. CHAPUS (Eug.) CHARLIER (Victor). Titime? Histoire de l'autre monde. *Paris, E. Renduel*, 1833, in-8, cart. non rog.

Cachet sur le titre.

131. CHARIVARI (le), journal quotidien. *Paris*, 1844, in-fol. cart.

Réunion de 182 numéros commençant au n° 183 (1er juillet 1844) et finissant au n° 365 (31 décembre de la même année).

132. CHARRIÈRE (Mme de). Les trois femmes. *Paris, Nepveu*, 1809, 2 parties en 1 vol. in-12, fig. cart. non rog.

Manque les feuillets 3-14; une des six figures est rognée en cadre.

133. CHARRON. La Sagesse. *Paris, A. Besoigne*, 1671, in-12, bas.

134. CHASLES (Ph.). Caractères et paysages. *Paris, Mame-Delaunay*, 1833, in-8, cart. non rog.

135. CHATEAULYON (d'Aquin de). Le portefeuille trouvé, ou tablettes d'un curieux..... *Genève*, 1757, in-12, br.

136. (CHAUSSARD.) Le nouveau diable boiteux, tableau phi-

losophique et moral de Paris, au commencement du XIXe siècle. *Paris, Barba, an XI* (1803), 4 vol. in-12, 4 fig. cart. non rog.

Le titre du 2e vol. manque.

137. (Chevrier). Histoire de la campagne de mil-sept-cent-cinquante-sept sur le Bas-Rhin, dans l'électorat d'Hanovre et autres païs conquis. *Francfort*, 1757, in-12, cart.

138. ——— La vie du fameux père Norbert, ex-capucin, connu sous le nom de l'abbé Platel : par l'auteur du Colporteur. *Londres, Jean Nourse*, 1762, in-12, br.

139. (Choderlos de Laclos.) Les liaisons dangereuses. *Paris, Lécrivain*, 1820, 4 parties en 2 vol. in-16, fig. cart.

140. Clairenville (de). Promenades, où l'on trouve une vive peinture des passions humaines..... *Cologne (à la sphère)*, 1723, in-12, front. et fig. br.

141. Clapandrus. Mémoires écrits par lui-même. *Amsterdam*, 1740, in-12, br.

142. Claude. Les plaintes des protestans cruellement opprimez dans le royaume de France, augmentées d'une préface sur la durée de la persécution..... *Cologne, Pierre Marteau (à la Sphère)*, 1713, pet. in-8, br.

143. Clément (Charles). Prud'hon, sa vie, ses œuvres et sa correspondance. *Paris, Didier et Ce*, 1872, in-8, br.

144. Cléry. Journal de ce qui s'est passé à la tour du Temple pendant la captivité de Louis XVI. *Londres*, 1798, in-8, 1 planche gr. par Audinet, br.

145. Colas toujours Colas, comédie représentée pour la première fois sur le théâtre de Vienne le... février 1765, à l'occasion du mariage Joseph II, roi des Romains et de Germanie, etc., avec la princesse Marie-Josephe de Bavière. *Vienne, de Trattnern, s. d.* in-8, de 78 pp. front. et vign. cart.

146. Colomb (Christophe). Historie del signor D. Fernando Colombo, nelle quali s'ha particolare, et vera relatione della vita, e dé fatti dell'Ammir aglio D. Christoforo Colombo, suo Padre di lingua spagnuola tradotte nell'italiana

dal Sign. Alfonso Ulloa. *In Venetia, per il Prodocimo,* 1709, pet. in-12, bas. brune, tr. dor.

Très fortes mouillures.

147. COLOMESII (Pauli) Opuscula. *Ultraiecti, apud Petrum Elzevirium,* 1669, pet. in-12, br.

Raccommodage au titre. Mouillures.

148. CONTES (nouveaux) à rire, et aventures plaisantes ou récréations françoises. *Cologne, Roger Bontemps,* 1722, 2 vol. in-12, front. br.

Légères mouillures.

149. ——— à rire, et aventures plaisantes, ou récréations françoises. *Cologne, chez Roger Bontemps,* 1722, 2 tom. en 1 vol. pet. in-8, frontisp. et fig. à mi-page, grav. bas.

150. CORBIÈRE (Ed.). Contes de bord. *Paris, Lecointe et Pougin,* 1833, in-8, fig. cart.

Cachet sur le titre et mouillures.

151. CORDIER. Histoire du procès de Louis XVI..... *Paris, Onfroy,* 1793, in-8, cart.

152. COREMANS (D[r]). L'an 1640, tableau historique d'après les archives de la secrétairerie d'Etat d'Allemagne et du Nord. *Bruxelles,* 1847, in-8, br.

153. CORNEILLE (T.). Œuvres. *Paris, L. H. Guerin et L. F. de La Tour,* 1758, 9 vol. pet. in-12, demi-rel. bas.

154. CORRESPONDANCE de Louis-Philippe-Joseph d'Orléans, avec Louis XVI, la reine, Montmorin, Liancourt, Biron, Lafayette, etc., etc... par L. C. R. *Paris, Lerouge,* 1800, in-8, cart.

155. COSTENOBLE. Dramatische Spiele. Années 1811 et 1816. *Hambourg, B. G. Hoffmann, s. d.* 2 vol. in-12, cart.

Figures en couleur.

156. COSTUMES PARISIENS pendant la période 1831 à 1835. Collection d'environ 200 planches, in-8, grav. et color. dereliées.

157. COSTUMES de l'ombre avec leurs accessoires. *S. l. n. d.* Réunion de 35 planches in-8, dans un carton.

Ces 35 planches, coloriées à l'aquarelle, représentent divers costumes, étendards et oriflammes; parmi les costumes, les principaux sont ceux de la duchesse Eudoxie, des dames de sa suite, de ses demoiselles d'honneur, des dames de la Cour, des grands dignitaires et magistrats du duché, etc.....

158. COURBON (comtesse de). Mémoires écrits par elle-même. *La Haye, de Hondt*, 1740, 4 part. en 1 vol. pet. in-8, br.

159. COURRIER (le) facétieux, ou recueil des meilleures rencontres de ce temps. *Lyon, La Rivière*, 1653, pet. in-8, front. gr. parch.

Mouillures.

160. ——— ou recueil des meilleures rencontres de ce temps. *Lyon, La Rivière*, 1653, pet. in-8, front. gr. parch.

Incomplet du titre. Le frontispice est rogné au cadre. Nombreuses annotations manuscrites.

161. COUTEAU (Procope). L'art de faire des garçons, par M***, docteur en médecine de l'Université de Montpellier. *Montpellier, François Maugiron*, 1755, in-12, br.

Le vrai nom de l'auteur était Coltelli.

162. CRAON (Mme la princesse de). Thomas Morus. *Paris, Charles Gosselin*, 1833, 2 vol. in-8, cart.

Cachets sur les titres.

163. CRÉBILLON. Tanzaï et Neadarné, histoire japonaise. *Pekin (Paris), chez Lou-Chou-Chu-La*, 1740, 2 vol. in-16, br.

Cet exemplaire ne contient qu'un fleuron gravé, le même pour les 2 vol.

Quelques cassures.

164. ——— Le Sopha, conte moral. *Imprimé sur la véritable copie de Gaznah, La Haye, Scheurleer*, 1742, 2 vol. in-12, br.

165. ——— Œuvres. *Londres (Cazin)*, 1785, 3 vol. in-18, portr. v. marbr. fil. tr. dor.

166. ——— Œuvres. *Londres (Cazin)*, 1785, 3 vol. pet. in-18, portr. v. granit, fil. tr. dor.

167. CREVIER. Observations sur le livre de l'Esprit des loix. *Paris, Desaint et Vaillant*, 1764, gr. in-12, br.

168. CUISIN (P.) Le Numéro 113, ou les catastrophes de jeu, histoire véritable. *Paris, Pigoreau*, 1814, in-12, front. gr. cart. non rog.

169. CUISINIER (le) roial et bourgeois, *Paris*, *Charles de Sercy*, 1698, in-12, cart.
Mouillures.

170. DAHURON (R.). Nouveau traité de la taille des arbres fruitiers. *Paris*, *Saugrain*, 1740, in-12, bas.
Armoiries sur les plats.

171. DANCOURT (L. H.), arlequin de Berlin à M. J.-J. Rousseau, citoyen de Genève. *Berlin et Amsterdam*, *Schneider*, 1759, in-8, br.

172. DANGERS (les) de la mauvaise compagnie, ou les nouvelles liaisons dangereuses. *Paris*, *Huet*, *an IX*, in-12, 1 fig. cart. non rog.
Mouillures.

173. DAVITY. Les estats, empires et principautés du monde représentez par la description des pays, mœurs des habitants, etc..... par le sieur D. T. V. Y. *Paris*, *Caillové*, 1630, fort vol. in-4, bas.
Mouillures.

174. DÉCHAUX. Collection des écrits politiques, littéraires et dramatiques de Gustave III, roi de Suède, suivie de sa correspondance. *Stockolm*, 1803-05, 5 vol. in-8, portrait, demi-rel. v. brun.

175. DELANDINE. Tableau des prisons de Lyon, pour servir à l'histoire de la tyrannie de 1793 et 1794. *Paris*, 1797, in-12, br.

76. DEMARES (Eugène). Les Métamorphoses du jour, ou La Fontaine en 1831, avec vignettes dessinées par Henri Monnier, et gravées par Thompson. *Paris*, *Delaunay*, 1831, 2 vol. in-8, demi-rel. v. violet.
Les vignettes sont tirées à part, sur papier teinté.

177. DEPERTHES. Histoire des naufrages, etc..... *Paris*, *Née de La Rochelle*, 1788, 3 vol. in-8, fig. de Marillier par Delvaux, bas. rac.

178. DESCAMPS. La vie des peintres flamands, allemands et hollandais..... *Paris*, *Jombert*, 1753-64, 4 vol. in-8, 1 front. et nomb. vign. grav. bas.

179. DÉSESPOIR (le) amoureux avec les nouvelles visions de

don Quichotte, histoire espagnole. *Amsterdam, Josue Steenhouver*, 1725, in-12, fig. br.

180. (Desfontaine.) Les Bains de Diane, ou le triomphe de l'amour, poème. *Paris, J. P. Costard*, 1770, in-8, titre et 3 fig. de Marillier grav. par de Ghendt, Massard, Ponce et Voyez, cart. non rog.

Cachet sur le titre.

181. Deshoulières (Mme et Mlle). Poésies. *Brusselles, Foppens*, 1708, 2 tom. en 1 vol. pet. in-8, portr. de Mme Deshoulières, vél. à recouvr.

182. Désignation de toutes les troupes de S. M. le roi de Prusse leurs commandeurs en garnisons et l'ancienneté de toute la généralité et officiers de l'État-Major pour l'année 1751. *S. l. n. d.* in-8, vélin, reliure en forme de portefeuille, tr. dor.

Manuscrit sur papier fort, d'une écriture cursive très nette de la fin du xixe siècle, contenant 31 feuillets écrits, dont 3 pour les titres. Chacun des 3 titres est entouré d'un encadrement ombré à l'encre de Chine; dans le corps du texte se trouvent 84 figures color. représentant les tuniques et chapeaux des différents grades.

183. Desmahis. Œuvres diverses. *Genève*, 1763, pet. in-8, br.

184. Des Portes. Œuvres. *Anvers, Arnould, Coninx*, 1596, pet. in-12, bas.

Court de marges.

185. Deyeux. Le vieux chasseur, ou la chasse en action. *Paris, Houdaille*, 1837, in-18, fig. cart.

186. Diderot. Les Bijoux indiscrets. *Au Monomotapa* (*Paris*, 1748), 2 vol. in-12, br.

Quelques figures ajoutées.

187. ——— Œuvres de théâtre, avec un discours sur la poésie dramatique. *Paris, Veuve Duchesne*, 1771, 2 vol. in-12, v. ant. marb.

188. Diurnum secundum ordinem Cartusiensium. *Parisiis, Thielmann*, 1514, pet. in-24, caractères gothiques rouges et noirs, 2 vign. sur bois et lettre initiale ornée, reliure en bois.

189. Dominique et Séraphine, histoire corse, par un of-

ficier français. *Hanau, Schultz*, 1771, in-12 de 72 pp. demi-rel. bas.

190. DORAT. Mes fantaisies. *La Haye et Paris, Delalain*, 1770, très gr. in-8, front. 1 fleuron, 1 vign. et un cul de lampe d'Eisen grav. par de Longueil et de Ghendt, br.

191. DORRINGTON. Le Solitaire anglois, ou avantures (*sic*) merveilleuses de Philippe Quarll, traduit de l'anglois. *Rotterdam, Jean Daniel Beman*, 1728, in-12, frontisp. et 2 fig. cart.

192. DUBOCCAGE (Mme). La Colombiade, ou la Foi portée au Nouveau-Monde, poëme. *Paris, Desaint et Saillant*, 1756, in-8, portrait et fig. de Chedel, br.

193. ——— La Colombiade, ou la Foi portée au Nouveau-Monde, poëme. *Paris*, 1758, in-8, portr. et fig. de Chedel, br.

194. ——— La Colombiade, ou la Foi portée au Nouveau-Monde, poëme. *Londres, Seyffert*, 1758, in-8, portrait, fig. de Chedel et culs de lampe, br.

195. DUBOIS (*avocat*). Histoire secrète des femmes galantes de l'antiquité. *Amsterdam, Chatelain*, 1745, 6 vol. in-12, br.

196. (DU CHASTELET.) Traité de la guerre ou politique militaire, par M. P. H. S. D. C. *Amsterdam, Wofgang, s. d.*, in-12, parch.

197. DUCLOS. Mémoires secrets sur les règnes de Louis XIV et Louis XV. *Paris, Buisson*, 1791, 2 vol. in-8, demi rel. bas.

198. (DUPRÉ.) Le Jésuite sécularisé. *Cologne, Villebard (à la Sphère)*, 1683, in-12, parch.

199. DU REFUGE. Traicté de la Cour, ou instruction des courtisans. *Amsterdam, chez les Elzeviers*, 1656, pet. in-12, vél.

200. DUTERTRE (P.). Chirurgie. Traité d'opérations nouvelles, et inventions de mécaniques. *Paris, Maquignon-Marvis*, 1814, in-8, portr. et fig. mar. r. dos orné, dent. sur les plats, doublé de tabis vert, tr. dor. (*Rel. ancienne.*)
Armoiries allemandes sur les plats.

201. DU TILLIOT. Mémoires pour servir à l'histoire de la

fête des foux. *Lausanne et Genève, Bousquet,* 1741, in-4, 12 planches grav. br.

Les planches ont été mouillées.

202. DROUINEAU. Résignée. *Paris, Gosselin,* 1833, 2 vol. in-8, cart.

Cachets sur les titres.

203. ——— L'Ironie. *Paris, Gosselin,* 1834, 2 volumes in-8, cartonnés.

Cachets sur les titres.

204. ÉCLUSE (L'). Les citrons de Javotte, histoire de Carnaval. *A Amsterdam,* 1756, in-12 de 30 pp. non relié.

Dialogue poissard attribué par Paul Lacroix au dentiste L'Ecluse, ami et imitateur de Vadé.
Edition unique.

205. ÉCOLE (L') des filles, ou les mémoires de Constance. *Londres,* 1753, 2 vol. pet. in-12, br.

206. EISENBERG (Baron d'). L'art de monter à cheval, ou description du manège moderne dans sa perfection, expliqué par des leçons, et représenté par des figures, écrit et dessiné par le baron d'Eisenberg et grav. par B. Picart. *La Haye, Gosse,* 1733, pet. in-fol. obl. titre et environ 59 pl. gr. bas. ant.

Bel exemplaire.

207. ÉLITE DE BONS MOTS, Pensées choisies, Histoires singulières, etc., tant en prose qu'en vers, recueillies des meilleurs auteurs et particulièrement des livres en Ana. *Amsterdam, Pierre Mortier,* 1731, 2 vol. in-12, br.

208. EPITOME theatri Orteliani continens regionum præcipuarum orbis delineationes....... *Antuerpiæ, Vrientius,* 1601, 2 parties en 1 vol. in-8 obl. cartes grav. bas.

209. ESCOLE (L') des princes, ou Alexandre Le Grand comblé de gloire et de malheurs. *Amsterdam, Jacques Le Jeune (à la Sphère),* 1671, pet. in-12, portrait, bas.

Légères mouillures.

211. ESSAI historique sur la vie privée de Marie-Antoinette d'Autriche, reine de France, rédigé sur plusieurs manuscrits de sa main. *A Versailles, chez la Montensier, hotel des*

Courtisanes, 1689-1790, 2 parties en 1 vol. in-8, portr. grav. bas.

Armoiries sur les plats.

212. ÉTAT DE LA FRANCE. *S. l.* 1725, pet. in-4, cart. non rog.

Manuscrit sur papier d'environ 155 feuillets, d'une écriture cursive du milieu du XVIIIe siècle.

A la fin de ce manuscrit se trouve :

Un curieux tableau des revenus et dépenses du Roy et de sa maison pour 1717 ; un état des maréchaux de France, directeurs d'infanterie et cavalerie, officiers généraux de la maison du Roy, etc., en 1723.

Les ff. 29, 86 et 94 sont déchirés.

213. ÉTAT actuel de la Musique du roi, et des trois spectacles de Paris. *Paris, Vente*, 1774, pet. in-12, titre et 3 fig. gr. bas.

Le titre est remonté.

214. ETORIÈRE (marquis de l'). L'Année galante ou les intrigues secrètes du marquis de L***. *Londres*, 1786, in-16, cart.

215. FACETIEUX (Le) Réveille-matin des esprits mélancholiques, ou le remède préservatif contre les tristes. *Utrecht, Théodore d'Ackersdyck*, 1654, pet. in-16, vél.

216. FAMIN (C.). Légendes rouges, livre de chroniques françaises et étrangères. *Paris, Abel Ledoux*, 1833, 2 vol. in-8, cart.

Cachets sur les titres.

217. FAUCHET (Cl.). Recueil des antiquitez gauloises et françaises, par Claude Fauchet. *Paris, Du Puys*, 1579, in-4 de 139 pp. parch.

218. FAVEURS (Les) et les disgrâces de l'amour, ou les amans heureux, trompez et malheureux, avec deux contes nouveaux en vers. *S. l., Claude Barbin*, 1696, 2 part. en 1 vol. in-12, fig. bas.

Les deux contes sont :

Le Rossignol et la Matrone d'Ephèse. *Cologne*, 1695.

219. ——— et les disgrâces de l'amour, ou les amans heureux, trompez et malheureux. *Paris, Claude Barbin*, 1711. — Le Rossignol et la Matrone d'Ephèse, contes. *Cologne, Pierre Marteau*, 1695, 2 parties en 1 vol. pet. in-8, fig. cart. non rog.

Légères mouillures et piqûres de vers.

220. FEELING (Lord). Scènes de la vie castillane et andalouse. *Paris, Charpentier*, 1835, in-8, cart.
Cachet sur le titre.

221. FÉNELON. Directions pour la conscience d'un Roi, composées pour l'instruction de Louis de France, duc de Bourgogne. *La Haye, Jean Neaulme*, 1747, in-12, bas.

222. FICORONII Dissertatio de larvis scenicis et figuris comicis antiquorum romanorum, ex Italica in latinam linguam versa. *Romæ*, 1750, in-4, environ 85 planches gr. vél.

223. FIELDING. Avantures de Joseph Andrews et de son ami Abraham Adams, publiées en anglais par Fielding et traduites en français par une dame anglaise (l'abbé Guyot Desfontaines). *Amsterdam*, 1744, 2 vol. gr. in-12, fig. cart. non rog.

224. ——— The History of Tom Jones, a Foundling. *Dresden, J. C. Walther*, 1774, 3 vol. in-12, demi-rel. bas.

225. ——— The History of Tom Jones, a Foundling. With A. Memoir of the author by Thomas Roscœ, and illustrations by George Cruikshank. *London, James Cœhrane*, 1831, 2 vol. grand in-12, portr. et fig. cart. toile, ébarb.
Les figures ont été ajoutées.

226. ——— The History of Tom Jones, a Foundling. *London, s. d.*, 3 vol. in-12, fig. cart.

227. ——— Histoire de Tom Jones, ou l'enfant trouvé, traduction de l'anglais, par M. D. L. P. (De la Place). *Dresde, G. C. Walther*, 1750, 4 vol. in-12, fig. de Gravelot, cart.

228. FLAUBERT (G.). La tentation de saint Antoine. *Paris, Charpentier*, 1874, in-8, br.

229. FOIRE (La) de Beaucaire ; nouvelle historique et galante. *Amsterdam, Paul Marret*, 1708, in-12, front. br.

230. FONCEMAGNE (de). Lettre sur le Testament politique du Cardinal de Richelieu. *Amsterdam, Marc-Michel Rey*, 1750, pet. in-12, br.

231. FONTAINE (La comtesse Givry de). Histoire d'Aménophis, prince de Libie, à laquelle on a joint l'Histoire de la

Comtesse Vergi (par Adrien de La Vieuville-d'Orville, comte de Vignacourt). *A La Haye, Pierre Gosse*, 1725, 2 parties en 1 vol in-12, br.

232. (FOUGERET DE MONTBRON.) Le Canapé couleur de feu. *Londres, Harding*, 1742, in-12, br.

233. FRANÇAIS (Les) peints par eux-mêmes. Encyclopédie morale du XIXe siècle, illustrée par Daumiers, gravée, Grandville, etc.. *Paris, Curmer*, 1840-42, 9 vol. gr. in-8, fig. demi-rel. v. brun avec coins, dos orné, tr. marb.

Le 9e volume contient : « Le Prisme. » Exemplaire avec les figures en couleur.

234. FRANCE (La) au XIXe siècle, illustrée dans ses monuments et ses plus beaux sites, dessinés par Thomas Allom, avec texte descriptif par Delille. *Londres et Paris, Maudeville, s. d.*, 3 vol. in-4, titres et nombr. planches sur acier, cart. percal. bleue, fers spéciaux sur les plats, tr. dor.

Les titres gravés sont en anglais.

235. FRANKLIN. Vie de Benjamin Franklin, écrite par lui-même, suivie de ses Œuvres. Traduit de l'anglais par J. Castéra. *Paris, Buisson, an IV* (1798), 2 vol. in-8, portr. br.

236. FRÉDÉRIC VICTORIEUX, poème héroïque en 3 chants. *Londres*, 1757. — L'Empire de l'amour, ballet. *Paris, Ballard*, 1733. — Callirhoé, tragédie. *Paris, Ballard*, 1743. — Ensemble 3 pièces réunies en 1 vol. in-4, cart.

Mouillures.

237. FRÉDÉRIC II. Poésies diverses (publiées par de Boyer d'Argens, et de Beausobre). *Berlin, chez Chrétien Fréd. Voss*, 1760, pet. in-8, cart. non rog.

238. ——— Matinées royales, ou entretiens sur l'art de régner. *S. l.*, 1767, in-12 de 60 pp. cart.

Pamphlet célèbre attribué successivement à Voltaire, au baron de Patono et au comte de Schwerin.

239. FRÉMY. Croquis de portraits des personnages remarquables, dessinés et gravés par Frémy..... *Paris, Frémy*, 1815, 2 vol. grand in-12, environ 200 portr. grav. au trait, br.

240. FRÉMY (Arnould). Les deux anges. *Paris, Charles Gosselin*, 1833, 2 vol. in-8, demi-rel. v. r. tr. marbr.

241. FROMAGET. Mirama, impératrice du Japon, histoire

galante. — Histoire du prince Apprius extraicte des fastes du monde depuis sa création, manuscrit persan, trouvé dans la Bibliothèque d'un Roi de Perse..., par de Beauchamps. *La Haye*, 1745, 2 ouvrages en 1 vol. pet. in-12, 1 frontisp. demi-rel. bas. avec coins.

242. ——— Le cousin de Mahomet. *Constantinople*, 1781, 2 vol. in-18, 6 fig. v. écaille, tr. dor.

243. Frossardus. Duo Gallicarum rerum scriptores : Frossardus in brevem historiarum memorabilium Epitomen contractus ; Philippus Cominacus de rebus gestis a Ludovico XI, et Carolo VIII, ambo a sleidano e gallico in latinum conversi. *Francofurti, apud hæredes Andreæ Wecheli, Claudium Marnium et Aubrium*, 1594, fort vol. pet. in-12, vél. à recouv.

244. Galerie (la) des Etats-Généraux et des dames françaises (par de Luchet, Choderlos de Laclos et autres). *Londres*, 1790, 5 parties en 1 vol. in-8, bas.

Cachet sur le titre.

245. (Garouville.) L'amant oisif, contenant cinquante nouvelles espagnoles. *Brusselles, de Backer*, 1711. — La Fausse Clélie, histoire française, galante et comique (par Subligny). *Paris, Witte*, 1712. — Ensemble 2 ouvrages en 1 vol. in-12, 2 front. grav. bas.

Manque le titre de « La Fausse Clélie. »

246. Gasconiana, ou recueil des bons mots, des pensées les plus plaisantes et des rencontres les plus vives des Gascons. *Amsterdam, François l'Honoré*, 1708, in-12, frontispice gravé, bas.

247. (Gatrey.) Le Philosophe par amour, ou Lettres de deux amans passionnés et vertueux. *Paris, Cailleau*, 1766, 2 parties en 1 vol. in-12, cart.

Ouvrage attribué à tort à Lombard et à Restif de La Bretonne.

248. Gavarni. Œuvres choisies avec notice par Théophile Gautier et Laurent-Jan. *Paris, Hetzel*, 1846-48, 4 vol. gr. in-8, fig. demi-rel. chag. vert avec coins, tr. marb.

Fourberies de femmes. — La Vie de jeune homme. — Le Carnaval à Paris. — Paris le matin. — Les Etudiants de Paris. — Les Enfants terribles. — Traduction en langue vulgaire. — Les Lorettes. — Les Actrices.

249. GAY (Mme Sophie). Souvenirs d'une vieille femme. *Paris, Abel Ledoux*, 1834, in-8, cart.

250. GAZETTE (la) de Cythère, ou aventures galantes, etc....., traduite de l'anglais. A la fin on a joint le précis de la vie de la comtesse Du Barry par J. F. (Bernard, libraire hollandois). *Londres*, 1774, in-8, front. et portr. grav. cart. non rog.
Cachet au bas du portrait.

251. GAZETTE de l'Olympe. *Londres, T. Wilcox*, 1758, br. in-8, de 23 pp.

252. (GODART D'AUCOURT.) Mémoires turcs ou histoire galante de deux Turcs pendant leur séjour en France. *Londres*, 1785, 2 vol. in-12, cart. non rog.

253. (GODEFROY.) Mémoires et instructions pour servir dans les négociations et affaires concernant les droits du roy de France. *Amsterdam, Michel (à la Sphère)*, 1665, in-12, bas.

254. GOETHE. Werther, traduit de l'allemand, par de Salse. *A Maestricht*, 1776, 2 vol. in-12, br.
Cachets sur les titres.

255. GOLDSMITH. Citizen of the World. *Chiswick*, 1819, 2 vol. in-16, titres gr. cart. non rog.

256. GOMEZ (Mme de). Anecdotes persanes. *Amsterdam*, 1729, 2 vol. in-12, br.

257. ——— Histoire d'Osman, XIXe empereur des Turcs, et de l'impératrice Aphendina Ashada. *Amsterdam*, 1734, 2 vol. in-12, br.

258. ——— Histoire du comte d'Oxfort, de Miledy d'Herby; d'Eustache de Saint-Pierre et de Béatrix de Guînes, au siège de Calais, sous le règne de Philippe de Valois, roi de France. *La Haye, Jean Gallois*, 1738, in-12, br.

259. ——— Le jeune Alcidiane. *Amsterdam*, 1784, 2 vol. in-12, br.

260. GRAFFIGNY (Mme de). Lettres d'une Péruvienne. *A Peine, s. d.* 1747, in-12, br.
Edition originale.

261. ——— Œuvres choisies, augmentées des lettres d'Aza. *Londres*, 1793, 2 vol. in-18, cart. non rog.

262. GRANDMAISON (de). La Petite Guerre, ou traité du service des troupes légères en campagne. *Francfort*, 1758, in-12, cart.

263. GRANDVAL (Ragot de). Le Vice puni, ou Cartouche, poëme. *Paris, chez Bonaventure de La Roüe*, 1726, in-8, v. f. ant.

264. GRANDVILLE. Les Etoiles, dernière féerie, texte par Méry. Astronomie des dames, par le comte Fœlix. *Paris, de Gonet, s. d.* gr. in-8, titre et fig. sur acier et color. cart. percal. fers spéciaux sur les plats, tr. dor.

265. GRÉGOIRE (H.). De la Littérature des nègres. *Paris, Maradan*, 1808, in-8, br.

266. GRIMM (frères). Contes choisis, traduits de l'allemand par Frédéric Baudry et illustrés de vignettes par Bertall. *Paris, Hachette*, 1871, gr. in-12, vign. dans le texte, br.

267. GRIMOIRE, ou la magie naturelle. *La Haye, s. d.* fort vol. in-12, br.

268. GROOT (de). Les Agréments de la campagne, ou Remarques particulières sur la constructions des maisons de campagne....... *Leyde*, 1750, in-4, planches, gr. parch.
Traduit du hollandais de P. de la Cour, le premier qui ait élevé des ananas.

269. GROTII (Hug.) Batavi Syntagma Arateorum : opus antiquitatis et astronomiæ...... (*Lugduni*) *apud Raphelengium*, 1600, in-4, planches grav. vélin.
Fortes taches d'humidité.

270. GRUNTHAL (Julchen). *Berlin, Unger*, 1798, 2 vol. in-12, titres et frontispices de Chodowicki, cart.
Nombreuses taches d'humidité.

271. (GUALDO-PRIORATO.) Histoire du traité de la paix conclue sur la frontière d'Espagne et de France entre les deux couronnes en l'an 1659...... aussi un recueil de matières concernant le duc de Lorraine (traduit de l'italien de Gualdo-Priorato par H. Courtin). *Cologne, Delaplace*, 1665, in-12, vélin à recouvr.

272. GUARINI. Il Pastor fido, tragicomedia pastorale. *Amsterdam, D. Elsevier*, 1678, in-32, fig. bas.

A la suite se trouve reliée une partie en 16 pages qui a pour titre : « Facetie, motti et burle di diversi signori e persone private, con epitafi giocosi. »

Ce volume est le moins commun de la collection des poètes italiens imprimés par Daniel Elzevier.

Un morceau a été arraché au feuillet 87-88. mais sans atteindre le texte.

273. (GUEUDEVILLE.) Histoire abrégée et très mémorable du chevalier de la Plume Noire, écuyer, sire du Hazard, de la Fortune, de l'Aventure, etc...... *Amsterdam*, *Lohner*, 1744, in-12, br.

274. GUEULLETTE. Contes choisis, ou les aventures merveilleuses du mandarin Fum-Hoam. *La Haye*, *Pierre Gosse*, 1725, 2 tomes en 1 vol. pet. in-12, fig. vél.

275. GUER. Mœurs et usages des Turcs, leur religion, leur gouvernement, etc...... *Paris et Amsterdam*, *Mortier*, 1747, 2 vol. in-4, frontisp. et fig. de Boucher, Hallé, etc...... grav. par Duflos, demi-rel. bas. gran. non rog.

276. HACOT (Joseph). Anecdotes galantes ou le Moraliste à la mode, par M. J. Ha***. *Francfort et Leipsic*, *Knoch et Eslinger*, 1760, pet. in-12, cart.

277. HAUTEVILLE (de). Relation historique de la Pologne.... (*A la Sphère*) *Paris*, *Villery*, 1687, in-12, cart.

278. HEINSIUS (Nicolas). L'Avanturier hollandois, ou la vie et les aventures divertissantes et extraordinaires d'un hollandois (traduit du hollandais). *Amsterdam*, *Herman Uytwerf*, 1729, 2 vol. in-12, fig. br.

279. ——— L'Avanturier hollandois, ou la vie et les avantures divertissantes et extraordinaires d'un hollandois (traduit du hollandais). *Amsterdam*, *E. van Harrevelt*, 1767, 2 vol. in-12, fig. cart. non rog.

280. HIRONDELLE (L') de carême ou le pouvoir de l'amour. *Paris*, *Pillot*, 1771. in-12, demi-rel. bas.

Intrigues curieuses du couvent.

281. HISTOIRE abrégée des martyrs françois du temps de la

réformation...... *Amsterdam, de Hoogenhuyse (à la Sphère)*, 1684, in-12, front. gr. br.

Exemplaire incomplet des derniers feuillets.

282. Histoire de la vie et du procès de L. D. Cartouche et plusieurs de ses complices. *La Haye, Néaulme*, 1722, in-12, de 96 pp. non relié.

283. ——— des amazones anciennes et modernes, avec préface historique, par l'abbé Guyon. *Bruxelles, Jean Léonard*, 1741, grand in-12, planches de médailles gr. br.

284. ——— des amours du duc d'Arione et de la comtesse Victoria, ou l'amour réciproque. *La Haye, Abraham Troyel*, 1694, pet. in-12, br.

285. ——— politique et amoureuse du fameux cardinal Louis Portocarrero, archevêque de Tolède. *S. l. Jeune Le Sincère*, 1704, petit in-12, portr. br.

286. ——— politique et amoureuse du cardinal Louis Portocarrero, archevêque de Tolède. *S. l. Jeune Le Sincère*, 1710, pet. in-12, portr. bas.

287. ——— prodigieuses extraites de plusieurs fameux autheurs, par P. Boistuau, C. de Tesserant, F. de Belle-Forest, Rod. Hoyer. *Anvers, Guislain Janssens*, 1595, pet. in-8, vign. sur bois dans le texte, parch.

288. ——— secrette de la duchesse d'Hanover, épouse de Georges Ier, roi de la Grande-Bretagne. *Londres*, 1732, in-12, de 80 pp. cart.

289. ——— très curieuse et véritable d'une comtesse d'Allemagne. *Paris, Cl. Barbin, s. d.*, br. in-12, de 70 pp.

290. ——— véritable et secrette des vies et des règnes de tous les rois et reines d'Angleterre depuis Guillaume-le-Conquérant jusqu'au règne de la reine Anne, traduite de l'anglois. *Amsterdam, Wetstein*, 1729, 3 vol. in-12, front. gr. br.

291. Hooghe (Romynde.) Estampes anciennes. Recueil de 67 pièces diverses découpées, montées sur papier et réunies en 1 vol. in-fol. cart.

Quelques-unes de ces planches sont rognées au cadre ; quelques autres sont légèrement tachées d'encre.

292. HOMER'S Ilias seriös und comisch in ein und zwanzig radirten Blættern von Ramberg, mit Erklærung von Rietschel. *Hannover, Wedekind*, 1865, 1 titre et 20 planches gr. réunies en 1 vol. in-fol. obl. cart.

293. HOMÈRE. Suite de vignettes pour illustrer l'Iliade. Collection de 24 pièces, pet. in-8, dessinées par Marillier et grav. par Ponce, Delaunay, de Ghendt, etc....... dans un carton.

294. HORACE, translated by Philip Francis, and revised by H. J. Pye. *London*, 1800, in-12, front. et titre gr. cart. non rog.

295. HUET. Traité philosophique de la faiblesse de l'esprit humain. *Amsterdam, Du Sauzet*, 1723, gr. in-12, portr. gr. br.

296. HUGO (Victor). Marie Tudor, drame. *Paris, Renduel*, 1833, in-8, cart.

Exemplaire auquel on a ajouté un frontispice à l'eau-forte par Célestin Nanteuil avec la date : 1833.

Cachet sur le titre imprimé.

297. HUIT (Les) Philosophes avanturiers de ce siècle, ou rencontre imprévue de Voltaire, d'Argens, Maupertuis, Marivault, Prévôt, Crébillon, Mouhi et de Mainvilliers dans l'auberge de Mme Tripaudière, comédie. *La Haye, Saurel*, 1752, in-12 de 46 pages, cart. non rog.

298. IDYLLES de Saint-Cyr, ou l'Hommage du cœur, à l'occasion des mariages du Dauphin avec Marie-Antoinette d'Autriche, et du comte de Provence avec Joséphine de Savoye. *Amsterdam*, 1771.— Ma Philosophie. *La Haye*, 1771. — Deux ouvrages en 1 vol. in-8, titre, 1 vign. et 2 culs de lampe de Marillier, grav. par de Ghendt, cart. non rog.

Attribués à Dorat.

Cachet sur le titre. Manque les 3 premiers feuillets de la 2e partie. Légères mouillures.

299. INDAGINE (Johanne). Introductiones apotelesmatice elegantes, in chyromantiam, physionomiam, etc...... *Lugduni, apud Tornæsium*, 1556, pet. in-8, fig. sur bois dans le texte, parch.

Mouillures.

300. INFORTUNÉE (L') hollandoise, ou les Mémoires de Madame de Belfont. *La Haye, Jean Gallois*, 1739, 2 vol. in-12, br.

301. JACQUIN (l'abbé). Lettres parisiennes sur le désir d'être heureux. *Francfort et Leipsic*, 1758, 2 part. en 1 vol. pet. in-8, cart. non rog.

302. JANIN (Jules). L'Ane mort. *Paris, Ernest Bourdin*, 1842, in-8, vignettes, dans le texte et figures hors texte de Tony Johannot, montées sur Chine, cartonné, percaline verte, tr. marb.

Quelques taches d'humidité.
Exemplaire de PREMIER TIRAGE.

303. ——— Les Gaîtés champêtres. *Paris, Michel Lévy*, 1851, 2 vol. in-8, br.

304. JOHNSON (Samuel). The Ramble. *London, s. d.*, 3 vol. pet. in-12, cart.

305. JOURNAL (Le) amoureux. *Paris, Barbin*, 1671, 6 vol. in-12, bas.

Piqûres de vers.

306. JOURNÉE DE L'AMOUR, ou heures de Cythère (par la comtesse Turpin de Crissé, Guillard, Favart et l'abbé de Voisenon). *A Gnide*, 1776, in-8 de XVI et 165 pp. front. cart.

Cachet sur le titre.

307. JOUY (E.). Le Centenaire, roman historique et dramatique en six époques. *Paris, Silvestre*, 1833, 2 vol. in-8, cart.

Cachets sur les titres.

308. JULLIEN. 1770-1790 : L'Opéra secret au XVIIIe siècle... *Paris, Rouveyre*, 1880, in-8, papier vergé, vignettes à l'eau-forte par de Malval, br.

309. JURIEU (Pierre). La Politique du clergé de France, ou entretien curieux de deux catholiques romains, etc... Edition augmentée de la lettre de M. Spon au P. La Chèze. *La Haye, Barent Beeck*, 1682. — Suite de la Politique du clergé de France, édition augmentée de la « Muse lugubre », élégie. *La Haye*, 1682, pet. in-12, vél. — Ensemble 2 vol.

310. Kolbe. Description du cap de Bonne-Espérance, etc... Tirée des Mémoires de M. Kolbe (par Bertrand). *Amsterdam, Jean Catuffé*, 1741, 3 vol. in-12, front. et fig. grav. br.

311. Labadie (le Père). Les Aventures de Pomponius, chevalier romain, ou l'histoire de notre temps (revues et publiées par l'abbé Prévost). *Rome, Pallavicini, (à la Sphère)*, 1724, in-12, bas.

312. La Barre de Beaumarchais (Ant. de). La retraite de la Marquise de Gozanne. *Amsterdam*, 1735, 2 tomes en 1 vol. in-12, br.

313. Labat (le R. P.). Voyage du chevalier Des Marchais en Guinée, Isles voisines et à Cayenne, fait en 1725, 1726 et 1727. *Amsterdam*, 1731, 2 vol. in-12, cartes et fig. cart.

314. La Bruyère. Les ruses du braconage, mises à découvert, ou mémoires et instructions sur la chasse et le braconage. *Paris, Lottin*, 1771, pet. in-8, br.
Légères mouillures.

315. Lacroix (Paul). Le roi des ribauds, histoire du temps de Louis XII. *Paris, Renduel*, 1831, 2 vol. in-8, front. cart.
Cachets sur les titres.

316. ——— La Danse macabre, histoire fantastique du xve siècle. *Paris, Eugène Renduel*, 1832, in-8, cart.
Cachet sur le titre.

317. La Fayette (Mme de). La Princesse de Clèves. *Londres*, 1591, 2 tomes en 1 vol. in-12 cart. non rog.

318. ——— Amourettes du duc de Nemours et princesse de Clèves (*sic*). *Amsterdam, Jean Wolters*, 1698, pet. in-12, titre gr. br.

319. ——— Zayde, histoire espagnole. *Paris, de l'imprimerie de Didot l'aîné*, 1780, 3 vol. pet. in-18, mar. r. tr. dor. (*Reliure ancienne.*)
Exemplaire de la Collection du comte d'Artois, avec les armes sur le titre.
Très court de marge :
La reliure est très fatiguée.

320. La Fontaine. Fables choisies, mises en vers avec un nouveau commentaire, par M. Coste. *Paris*, 1742, 2 part. en 1 vol. pet. in-12, 1 front. gravé, v. ant. marb.

321. ——— Fables choisies, mises en vers. *Bouillon*, 1776, 4 vol. in-8, fig. bas.

322. ——— Pièces de théâtre : Pénélope. — Le Florentin. — Ragotin. — Je vous prens sans verd. — Montmouth. *La Haye, Adrian Moetjens*, 1702, in-12, vél.

On a relié à la suite de ce recueil:

1. Médée, tragédie (par H. B. de Roqueleyne, baron de Longepierre). *Paris, P. Aubrouyn, s. d.* (1694), 83 pp. frontisp. gravé.

2. Alizon, comédie... *Paris, Jean Guignard*, 1664, 87 pp.

323. ——— Les Œuvres posthumes. *Paris, Guillaume de Luyne*, 1696, in-12, bas.

Les feuillets 245-260 ont été coupés dans la marge du haut.

324. La Force (D^{lle} de Caumont de). Histoire secrète de Bourgogne. *Amsterdam, chez Elie Jacob Hedet*, 1729, 2 vol. pet. in-12, cart.

325. La Fosse. Théâtre. *Amsterdam, François l'Honoré*, 1745, pet. in-12, front. et fig. gr. bas.

326. La Fueille (Daniel). Livre nouveau et utile pour toutes sortes d'artistes, et particulièrement les orfèvres, orlogeurs, graveurs, peintres, brodeurs, contenant 4 alfabets de chiffres fleuronnez... le tout dessiné et gravé par Daniel de La Fueille. *Amsterdam*, 1693, collection de 1 titre et environ 99 planches grav. et réunis en 1 vol. pet. in-4, bas.

327. Laïs (La) philosophe, ou mémoire de Madame D*** et ses discours à M. de Voltaire. *Bouillon, Limier*, 1761, pet. in-8 de 125 pp. br. — Suite de la Laïs philosophe, ou sentiments de repentir de Madame D***, imitation du roi profète (*sic*) pénitent augmentée d'autres exemples de conversions illustres. *Bouillon*, 1761, pet. in-8, br. — Ensemble 2 vol.

Quérard, « France littéraire » donne ces titres sous le nom de Thaléa, (Ermelinde) qui sont les noms que portait, comme bergère d'Arcadie, la princesse Marie Antoinette Walpurgis de Bavière, princesse de Pologne.

328. Lamartine. La Mort de Socrate, poème. *Paris, Ladvocat*, 1823, in-8, demi-rel. bas. viol.

329. ——— Méditations poétiques. *Paris, Charles Gosselin*, 1823, in-8, fig. lith. demi-rel. bas. avec coins.

330. LAMBERT (l'abbé). La Nouvelle Marianne, ou les Mémoires de la baronne de *** écrits par elle-même. *La Haye, de Hondt*, 1740, 10 parties en 4 vol. in-12, br.

331. LAMBERT (marquis de). Œuvres... *Lausanne, Bousquet*, 1748, in-12, br.

332. LA METTRIE. Œuvres philosophiques. *Amsterdam*, 1753, pet. in-12, br.

333. LA MOTTE (de). Fables nouvelles. *Amsterdam, Wetstein et Smith*, 1727, grand in-12, front. et fig. gr. br.

Le frontispice et le titre sont raccommodés et doublés. Quelques mouillures et raccommodages dans le texte.

334. LAMOTHE LANGON (E. L. de). Révélations d'une dame de qualité sur les années 1830 et 1831. *Paris, L. Mame-Delaunay*, 1831, 2 vol. in-8, cart.

Cachets sur les titres et mouillures.

335. LA MORLIÈRE (le chevalier de). Le Fatalisme, ou collection d'anecdotes, pour prouver l'influence du sort sur l'histoire du cœur humain. *Yverdon*, 1769, 2 parties en 1 vol. in-8, bas.

336. LEMAIRE. Paris ancien et nouveau, ouvrage très curieux... *Paris, Girard*, 1685, 3 vol. in-12, v. ant. gran.

337. LARIVEY (Pierre de). Les Comédies facétieuses, a l'imitation des anciens grecs, latins et modernes italiens. A sçavoir le Laquais, la Vefve, les Esprits, le Morfondu, les Jaloux, les Escolliers. Seconde édition. *Lyon, Benoist Rigaud*, 1597, in-12, vél.

Exemplaire interfol. de papier blanc.

338. ———— Les Comédies facécieuses. A sçavoir : le Laquais, la Vefve, les Esprits, le Morfondu, les Jaloux, les Escolliers. Seconde édition. *Lyon, Benoist Rigaud*, 1597, pet. in-12, vél.

339. LA RIVIÈRE (de) et DU MOULIN. Méthode pour bien cultiver les arbres à fruit, et pour élever les treilles. *Utrecht, Etienne Neaulme*, 1739, in-8, cart. non rog.

340. LA ROCHE (Tiphaigne de). Amilec, ou la graine d'hommes qui sert à peupler les planètes. *Lunéville (capitale de la Lune)*, *s. d.* 3 vol. in-18, br.

341. La ROCHEFOUCAULD. Réflexions ou Sentences et Ma-

ximes morales. *Rouen, Jacques Lucas*, 1672, in-12, vél. à recouvr.

Les pages 1-10 ont été interverties et placées par le relieur avant les 2 derniers feuillets du discours qui précède l'ouvrage.

342. LA ROCHEJACQUELEIN (marquise de). Mémoires, avec deux cartes de la guerre de la Vendée. *Paris, Michaud*, 1815, 2 part. en 1 vol. in-8, portrait, demi-rel. bas.

343. LA ROCHETTE (Mlle de). Histoire et aventures de Mlle de La Rochette, écrites par elle-même... *Leyde*, 1738, in-12, br.

344. LA SABLIÈRE (de). Madrigaux. *Paris, Duchesne*, 1758, in-16 carré, texte encadré de fil. rouges, br.

345. LATUDE (H. Masers de). Mémoires. *Paris, Abel Ledoux*, 1835, 2 vol. in-8, portr. lithogr. monté sur Chine, cart.

Cachets sur les titres.

346. LA TOUCHE (Guymond de). Les Soupirs du cloître, ou le triomphe du fanatisme, épître de feu M. Guymond de La Touche à M. D***. *Londres*, 1766, in-8 de 59 pp. cart. non rog.

Cachet sur le titre.

347. LA VARENNE (de). Le vray cuisinier françois, augmenté d'un nouveau confiturier, du maistre d'hôtel et du grand écuyer tranchant. *Amsterdam, Mortier, s. d.*, in-12, fig. cart. non rogné.

348. LAW. Considérations sur le commerce et sur l'argent. Traduit de l'anglais. *La Haye, Jean Neaulme*, 1720, in-12, br.

Portrait ajouté.

349. (LEBRUN.) Les aventures d'Apollonius de Tyr. *Rotterdam, Hofhout*, 1710, in-12, br.

Ce livre est la traduction du 153e chapitre de l'ouvrage intitulé « Gesta Romanorum » attribué à tort à Bersuire ou Berchorius.

350. (LECOQ DE LA MADELEINE.) La Fidélité couronnée, ou l'histoire de Parmenide, prince de Macédoine. *Bruxelles, Antoine Claudinot*, 1706, 2 parties en 1 vol. in-12, frontisp. grav. cart.

351. LESZCZYNSKI (le roi). Entretien d'un Européan (*sic*) avec

un insulaire du royaume de Dumocala, par Sa Majesté le R. D. P. D. D L. E. D. B*** (Stanislas Leszczynski, roi de Pologne). *Paris, Duchesne*, 1755, in-12, br.

352. Le Grand (Albert). Les admirables secrets, contenant plusieurs traités sur la conception des femmes, etc. *Lion, chez les Héritiers de Beringos*, 1745, in-12, front. et fig. br.

353. Le Maire de Belges (Jehan). Les illustrations de Gaule et singularitez de Troye, avec l'épître du roi Hector de Troye, le traité de la différence des scismes et des concilles... *Nouvellement imprimé à Paris, par Ambroise Girault*, 1540, 5 parties en 1 fort vol. pet. in-8, bas.

Mouillures.
Exemplaire conforme à la description de Brunet (Manuel de libraire).

354. Le Mierre. La Peinture, poème en trois chants. *Paris, Le Jay* (1769), *s. d.*, in-8, titre et 3 fig. de Cochin, grav. par St-Aubin, Prévost et Ponce, cart. non rog.

Cachet sur le titre.

355. Le Noble (Eustache). L'Esprit de Gerson. *S. l.*, 1691, in-12, bas,

Le titre de départ, p. 1, porte en plus : « ou Instructions catholiques touchant le St-Siège. »

356. Le Noble (Pierre). Les Amours d'Anne d'Autriche. *Londres*, 1768, pet. in-8, cart.

357. Le Pautre (et Menant). Les plans, coupes, profils et élévations de la chapelle du château royal de Versailles. *Paris, se vendent chez de Mortain, s. d.*, in-fol. bas.

Cet ouvrage, renfermant 54 grandes planches gravées, contient les plans et vue de la chapelle et des plus beaux endroits des châteaux de Versailles et Marly.

358. Le Pays. Amitiez, amours et amourettes, suivi du portrait de l'auteur envoyé par lui-même à la duchesse de Nemours. *Amsterdam, chez Abraham Wolfgang*, 1668, 2 part. en 1 vol. pet. in-12, vél. à recouvr.

359. Lepleigne (Théob.). De usu pharmaceutices in consarcinanandis medicamentis... *Antuerpiæ, typis Guilielmi Motani*. 1542. — Traicté nouveau intitulé : bastiment de receptes, traduict de italien, contenant trois petites parties de re-

ceptaires... *En Anvers*, 1544. — 2 part. en 1 vol. in-12 allongé, parch.

La 2e partie est imprimée en caractères gothiques. Quelques légères cassures dans les marges.

360. Le Roi. Les Momus françois, ou les aventures divertissantes du duc de Roquelaure... *Cologne*, *Pierre Marteau*, 1727, in-12, br.

Fortes mouillures.

361. Le Rouge (Georges-Louis). Les Curiositez de Paris, de Versailles, de Marly, de Vincennes, de Saint-Cloud et des environs. *Paris*, *Saugrain l'aîné*, 1718, 2 vol. in-12, fig. bas.

362. Leroux (Ph. J.). Dictionnaire comique, satyrique, critique, libre et proverbial... *Lion*, 1735, très grand in-8, texte à 2 col. cart. non. rog.

363. Leroux (Pierre). Le Diable dans un bénitier et la métamorphose du Gazetier cuirassé en mouche, par M. Pierre Leroux, corrigé et augmenté par M. l'abbé Aubert. *Londres*, *s. d.*, in-8, non relié.

364. Le Sage. Le Diable boiteux. *A Amsterdam*, *Henri Desbordes*, 1707, pet. in-12, front. vél.

365. ——— Histoire de Gil Blas de Santillane. *Londres*, *Cazin*, 1784, 4 vol. pet. in-12, fig. bas. fil. tr. dor.

366. ——— The aventures of Gil Blas of Santillane, translated by T. Smollett. *London*, 1826, 2 vol. pet. in-12, 2 titres et 2 fig. sur acier, cart. non rog.

367. Leti (G.). L'Idée du conclave présent de 1676, ou le pronostique du Pape futur. *Amsterdam*, *François Du Bois*, 1676, pet. in-12, front. parch.

368. ——— La vie d'Elizabeth, reine d'Angleterre (par Leti), augmentée du véritable caractère d'Elizabeth et de ses favoris (par Nauton, traduit de l'anglais par Le Pelletier). *La Haye*, 1741, 2 part. en 1 fort vol. grand in-12, fig. br.

369. Lettre d'un Quaker à François de Voltaire, écrite à l'occasion de ses remarques sur les Anglais, particulière-

ment sur les quakers. Traduite de l'anglois. *Londres*, 1745, br. in-8 de 48 pp.

Cette lettre est signée Josias Martin.

370. LETTRES d'elle et de lui, par une Dame de la Cour et qui n'est pas d'une Académie. *Paris*, 1773, pet. in-12, cart.

371. ——— d'une religieuse portugaise, écrites au chevalier de C..., officier en Portugal. *La Haye, Abraham de Hondt*, 1689, in-12, parch.

372. (LEVACHER DE CHARNOIS.) Recherches sur les costumes et sur les théâtres de toutes les nations. *Paris, Drouhin*, 1790, 2 vol. in-4, environ 55 estampes au lavis dont 44 en couleur, dessinées par Chéry et grav. par Alix, demi-rel. bas.

Exemplaire grand de marges.

373. LÉVÊQUE (Mme). Le Siècle, ou les Mémoires du comte de S*** (Solinville). *Paris, Rollin*, 1736, 2 part. en 1 vol. in-12, br.

374. LINGUET. Mémoires sur la Bastille et la détention de l'auteur. *Londres, Spilsbury*, 1783, in-8, frontisp. gr. cart. non rog.

375. LOCKE. The Conduct of the Understanding. — Essays moral, economical and political, by Francis Bacon. With sketches, lives of Locke and Bacon. *London*, 1813, in-16, titre et port. gr. demi-rel. bas.

376. LOCMARIA (le comte de). Les Gorillas. *Paris, Dupont*, 1834, 2 vol. in-8, cart.

Cachets sur les titres.

377. LONGCHAMPS (de). Mémoires d'une religieuse, écrits par elle-même. *Paris, L'Esclapart*, 1766, 2 parties en 1 vol. gr. in-12, cart.

378. LONGUS. Les Amours pastorales de Daphnis et Chloé, écrites en grec et translatées en françois, par Jacques Amyot. *Londres (Cazin)*, 1780, in-8, front. gr. v. écaille, fil. tr. dor.

379. LOUVENCOURT (François de). Les Amans de Sienes, ou les femmes font mieux l'amour que les veuves et les filles. *Leyde, Frederik Haaring*, 1706, pet. in-12, v. granit.

Fortes piqûres de vers.

380. Louvet de Couvray. Les Amours du chevalier de Faublas. *Paris, Boulland*, 1825, 4 vol. in-8, fig. br.

381. Lubin. Plan des théâtres de Paris. *Paris, Lubin*, 1875, pet. in-fol. obl. de 15 ff. cart.

382. Lucina sine concubitu ; Lucine affranchie des loix du concours, traduit de l'anglais d'Abr. Johnson (ou plutôt de Hill, par Moët). *Londres*, 1750, pet. in-8 de 8 ff. pour le titre et la préface, et 72 pages, cart.

383. Lucrèce, traduction avec notes par L. G. (La Grange, revue par Naigeon). *Paris, Bleuet*, 1768,2 vol. gr. in-8, front. et fig. de Gravelot, grav. par Binet, v. ant. marb.

384. Lucrezio Caro, della natura del cose, libri sei, tradotti, dal latino in italiano da Alessandro Marchetti,..... *Amsterdamo*, 1754, fort vol. gr. in-8, pap. fort, 1 titre et 1 front. d'Eisen, grav. par Lemire, fig. vign. et culs-de-lampe d'Eisen, Cochin et Lelorrain, grav. par Lemire, Tardieu, etc... bas. ant.

Les illustrations de ce livre sont d'une grande beauté.

385. Lyonne. Mémoires de Monsieur de Lyonne au Roy, interceptez par ceux de la garnison de Lille la campagne passée. Le sieur Heron, courier du cabinet les portant à l'armée de Paris. *S. l.*, 1668, 4 parties en 1 vol. in-16, parch.

386. Mackenzie. The Works. *London*, 1816, in-16, front. et titre gravés, cart. non rog.

387. Magnin (Charles). Histoire des marionnettes en Europe. *Paris, Michel Lévy*, 1852, in-8, demi-rel. chag. r. avec coins, tr. peig.

388. Mailly (de). Anecdotes, ou Histoire secrète des Vestales. *Paris, Cavelier*, 1700, in-12, cart. non rog.

389. Maintenon (Mme de). Lettres (recueillies et publiées avec une courte préface, par de La Beaumelle). *Nancy, Deilleau*, 1752, 2 tomes en 1 vol. pet. in-12, br.

Ces lettres furent publiées, comme l'essai d'un recueil plus complet, que de la Beaumelle se proposait de mettre plus tard au jour.

390. Maistre (de). Marie-Antoinette, archi-duchesse d'Au-

triche, reine de France, ou causes et tableau de la Révolution. *S. l.*, 1794, in-8, cart.

391. Maistre (Xavier de). Expédition nocturne autour de ma chambre, par l'auteur du voyage autour de ma chambre. *Paris, Dondey-Dupré*, 1826, in-18, demi-rel. bas.

392. Malebranche. Intrigues du Sérail, histoire turque. *La Haye*, 1739, pet. in-12, cartonné, non rog.

393. Malfilatre. Narcisse dans l'isle de Vénus, poëme en 4 chants, avec préface par Lafont de Savine et Collet de Messire. *Paris, Lejay, s. d.* (1769), in-8, titre par Eisen, grav. par de Ghendt et fig. de Saint-Aubin, grav. par Massard, cart. non rog.

Manque 1 figure. — Cachet sur le titre.

394. Malot. Histoire des Tulipes. *Paris, Louis Janet, s. d.*, in-16, fig. en couleur, cart. soie rose, dent. tr. dor. dans un étui.

395. Man (the) of feeling. *Hambourgh, Hoffmann*, 1794, gr. in-12, front. gravé, demi-rel. bas.

396. Mancini, nivernois. Fables. *Paris, Didot*, 1796, 2 vol. in-18, pap. vél. br.

397. Mandeville (B. de). La Fable des abeilles, ou les Fripons devenus honnêtes gens..... Traduit de l'anglais (par J. Bertrand). *Londres*, 1740, 4 vol. in-12, v. granit.

Fortes piqûres de vers.

398. Marcellis (Charles). Les Germains, essai épique. *Paris*, 1829, in-8, br.

399. Maréchal (Sylvain). Bibliothèque des amans, odes érotiques. *Paris, Ve Duchesne, s. d.*, in-18, titre gr. bas. tr. dor.

400. Mari (Le) offensé, ou Histoire du baron de *** et de Mademoiselle de ***. *S. l.*, 1770, 2 parties en 1 vol. in-12, cart.

401. Mariette. Description des travaux qui ont précédé, accompagné et suivi la fonte en bronze d'un seul jet de la statue équestre de Louis XV, dressée sur les mémoires de

Lempereur, par Mariette. *Paris, Le Mercier*, 1768, grand in-folio, nombr. planches grav. cart. non rog.

Manque le feuillet 1-2, devant contenir une vignette représentant l'inauguration de la statue.

402. Marivaux. La Vie de Marianne, ou les Aventures de Madame la comtesse de ***. *Amsterdam*, 1764, 12 parties en 4 vol. grand in-12, br.

403. Marmontel. Bélisaire. *Paris, Merlin*, 1767, in-8, frontisp. et fig. de Gravelot grav. par Le Vasseur, Masquelier etc..., br.

404. Marot (Clément). Les Œuvres. *Rouen, Raphaël du Petit Val*, 1607, pet. in-12, vél.

405. Martiny. Nouvelle Géographie où toute la terre est décrite. *A Paris, chez Nicolas Le Gras*, 1689, pet. in-4, vél.

Copie manuscrite de 283 pages, très nette de la fin du xviiie siècle et sur papier d'une écriture cursive.

406. Masken-Anzuge zu Polter-Abenden und Ballen. *Berlin*, 1831, collection de 24 charges lithogr. et color. réunies en 1 vol. gr. in-8, cart.

407. Maurice (Charles). Histoire anecdotique du Théâtre, de la Littérature et de diverses impressions contemporaines, tirée du coffre-fort d'un journaliste avec sa vie à tort et à travers. *Paris, Henri Plon*, 1856, 2 vol, in-8, fac-similé d'autogr. demi-rel. chag. vert avec coins, tr. peig.

408. Maynard. Les Œuvres. *Paris, Augustin Courbé*, 1646, in 4, portr. et fleuron grav. bas.

409. Melzo. Regole militari del cavalier Melzo sopra il governo e servitio della Cavalleria. *In Anversa, Gioachimo Trognaesio*, 1611, in-fol. titre et nombr. planches gr. vél.

Légères mouillures.

410. Mémoires secrets pour servir à l'histoire de Perse. *Amsterdam*, 1745, pet. in-8, cart. non rog.

Cet ouvrage, le premier dans lequel on ait parlé du Masque de fer, a été attribué successivement à Pecquet, La Beaumelle, Voltaire, etc.....

411. ——— pour servir à l'Histoire de Perse. (Attribués à Ant. Pecquet, à Voltaire et à La Beaumelle.) *Berlin*, 1759, in-12, br.

4e édition de ce petit livre curieux.

412. MÉMOIRES pour L. R. E. de Rohan, grand aumônier de France, contre M. le Procureur général en présence de la dame de La Motte, de Villette, de la demoiselle d'Oliva et du comte de Cagliostro, co-accusés. *Paris, Lottin*, 1786, in-12, cart.

413. MENDOZA (Hurtado de). Aventures et espiègleries de Lazarille de Tormes (traduites de l'espagnol). *Paris, Pigoreau*, 1804, 2 tomes en 1 vol. pet. in-12, front. de Binet grav. par Bovinet, cart. non rog.

La traduction de ce livre est attribuée à l'abbé de Charnes.

414. MENSCHE-Lyke Beezigheeden, bestaande in Regeering, Konsten en Ambachten, na orde van het A. B. C., in honderd figuuren..... *Harlen, Schevenhuysen*, 1695, recueil de 1 titre et 93 planches, grav. réunis en 1 vol. pet. in-4, dérelié.

415. MERCIER. L'An deux mille quatre cent quarante, rêve s'il en fut jamais. *Londres*, 1771, in-8, br.

416. ——— L'An deux mille quatre cent quarante, rêve s'il en fut jamais. *Londres*, 1772, in-8, br.

Les pages 385 à 402 sont rongées dans le coin de la marge du bas, mais sans atteindre le texte.

417. MERCIER. Tableau de Paris, ou explication de différentes figures, gravées à l'eau-forte, pour servir aux différentes éditions du Tableau de Paris. *Yverdon*, 1787, in-8, front. et 85 fig. gr. cart.

Raccommodage à l'une de ces figures qui, toutes, ont la marge de côté légèrement rognée par la reliure.

418. MERIMÉE (Prosper). Mosaïque, par l'auteur du Théâtre de Clara Gazul. *Paris, Fournier*, 1833, in-8, cart. non rog.

Cachet sur le titre.

419. MERVILLE. Paul Briolat. *Paris, B. Renault*, 1831, in-8, cart. non rog.

Cachet sur le titre.

420. MÉRY. L'Assassinat, scènes méridionales de 1815. *Paris, Urbain Canel*, 1832, in-8, cart

Cachet sur le titre.

421. MIRABEAU (le comte de). Histoire secrète de la cour de Berlin, ou Correspondance d'un voyageur français, de-

puis le 5 juillet 1786, jusqu'au 19 janvier 1787. Ouvrage posthume. *Rotterdam*, 1789, 3 tomes en 1 vol. in-8, 2 portr. cart. non rog.

Le tome III porte comme titre : « Essai sur la secte des illuminés. » *Paris*, 1789.

422. ——— Lettres de Mirabeau à Champfort, suivie d'une traduction de la dissertation sur l'universalité de la langue française. *Paris, an V.* — Essai sur la vie de Barthélemy, par Mancini, nivernois. *Paris, Didot*, 1795. — Suite aux Mémoires de Dumouriez. *Paris, Laran, an IV.* — Ensemble 3 part. en 1 vol. in-8, cart.

423. MIROMENIL (Christophe de). Le Génie de l'amour, ou Dissertation sur l'amour profane et religieux, pour servir d'introduction à la Paraphrase des Psaumes. *Paris, Samson*, 1806, in-8, cart. non rog.

424. MIRONE (de). Anecdotes vénitiennes et turques, ou Nouveaux mémoires du comte de Bonneval. *Utrecht, Jean Brœdelet*, 1740, 2 tomes en 1 vol. in-12, portr. br.

425. ——— Anecdotes venitiennes et turques, ou Nouveaux mémoires du comte de Bonneval. *Utrecht, Jean Brœdelet*, 1740, 3 parties en 2 vol. in-12, portr. grav. br.

426. ——— Les Aventures de la duchesse de Vaujour, histoire véritable. *Utrecht, Brœdelet*, 1741, 2 parties en 1 vol. in-12, 2 frontisp. grav. br.

427. MOKE, FÉTIS ET VAN HASSELT. Les splendeurs de l'art en Belgique, illustrations par Hendrickx et Stroobant ; publiés par Charles Hen. *Bruxelles, Meline, s. d.*, gr. in-8, vign. dans le texte et fig. hors texte, cart.

428. MOLIÈRE. Œuvres, augmentées du Médecin vengé et des épitaphes les plus curieux sur sa mort. *Lyon, Jacques Lyons*, 1692-1696, 8 vol. in-12, portr. et fig. bas.

429. ——— Œuvres, augmentée de la vie de l'auteur et de remarques, par M. de Voltaire. *Amsterdam, Arkstée et Merkus*, 1765, 6 vol. in-12, fig. cart. non rog.

Exemplaire non coupé.

430. ——— Le Bourgeois gentilhomme, comédie. *Imprimée cette présente année* (*s. l. n. d.*), pet. in-12 de 92 pages, non relié.

431. MONCRIF. Essais sur la nécessité et sur les moyens de plaire. *Amsterdam*, *François Changnion*, 1738, pet. in-12, br.

432. MONDE (Le) dramatique, histoire des théâtres anciens, revue des spectacles modernes. *Paris*, 1835-38, 6 vol. gr. in-8, portr. et fig. demi-rel. v. viol.

Tomes I, II, IV, V et VI de ce riche recueil comprenant 10 volumes et fondé par Labrunie de Nerval et Frédéric Soulié.

433. MONGEZ. Vie privée du cardinal Dubois. *Londres*, 1789, in-8, demi-rel. bas.

434. MONSELET. La Lorgnette littéraire, dictionnaire des grands et des petits auteurs de mon temps. *Paris*, *Poulet-Malassis*, 1857, in-12, br.

435. MONTBRON (Fougeret de). La Henriade travestie, en vers burlesques. *La Haye*, *Daniel Aillaud*, 1746, in-12, br.

Mouillures.

436. MONTESQUIEU. Considérations sur les causes de la grandeur des Romains et de leur décadence. *Amsterdam*, *Wetstein*, 1746, pet. in-8, frontisp. gr. cart. non rog.

437. ——— Considérations sur les causes de la grandeur des Romains et de leur décadence, avec un dialogue de Sylla et Eucrate, le temple de Gnide et l'essai sur le Goût. *Amsterdam*, 1776, 4 part. en 1 vol. gr. in-12, cart. non rog.

438. ——— Lettres turques et le Temple de Gnide. *Cologne*, *Pierre Marteau*, 1748, 2 part. en 1 vol. pet. in-8, br.

439. ——— Lettres persanes, augmentées de 12 lettres. *Amsterdam*, 1776, in-12, br.

440. ——— Lettres persanes, suivies du Temple de Gnide. *Londres*, 1784, 2 vol. in-18, bas. rac. dent. tr. dor.

441. ——— De l'Esprit des loix.... *Genève*, *Barillot et fils*, *s. d.*, 2 vol. in-4, cart. non rog.

Edition originale.

442. MONZAMBANO. L'Estat de l'empire d'Allemagne, traduit par le sieur F. S. d'Alquie, *Amsterdam*, *J. Schipper* (*à la Sphère*), 1669, pet. in-12, titre gr. parch.

443. MORICE. Histoire de la mise en scène, depuis les mystères jusqu'au Cid. *Paris*, 1836, in-12, demi-rel. bas.

444. MORIN (Michel). Le Gil Blas du Théâtre. *Paris*, *Denain*, 1833, 2 vol. in-8, cart. non rog.

445. MORNAY (Messire Philippe de). Mémoires *Amsterdam*, *Louis Elzevier*, 1651-52, 2 forts vol. in-4, vél.
Le tome II contient le Supplément.
Mouillures.

446. MORSAN (Lefèvre de). Des mœurs et des usages des Romains (revu et corrigé par Granet). *Amsterdam*, 1739, in-12, br.

447. MOUHY (de). Le Masque de fer, ou les aventures admirables du père et du fils. *La Haye*, *de Hondt*, 1747, 3 tomes en 1 vol. in-24, br.

448. ——— Mémoires d'une fille de qualité qui ne s'est point retirée du monde. *Amsterdam*, 1747, 4 vol. in-12, br.

449. MUSÆUS (J. C.). Freund Heins Erscheinungen in Holbeins Manier. *Mannheim*, 1803, in-8, front. et fig. à mi-page grav. cart. non rog.
Cachet sur le titre.

450. MUSCULUS (A.). Das guldene Kleinod. *S. l.*, 1561, in-8 gothique de 101 ff. non chiffrés, cart.

451. MUSE (La) chrestienne, ou recueil des poësies chrestiennes tirées des principaux poëtes françois, etc... *Paris*, *Gervais Malot*, 1582, in-12, v. ant. gran.
La dédicace de ce recueil est signée J. C. T. — Exemplaire réglé.

452. MURALT (de). Lettres sur les Anglais et les Français. *S. l.*, 1728, 2 tomes en 1 vol. in-12, br.

453. MUSSET (Alfred de). Un spectacle dans un fauteuil. *Paris*, *Renduel*, 1833, in-8, cart. non rog.
Mouillures.

454. ——— Œuvres. *Paris*, *Charpentier*, 1867, très gr. in-8, texte à 2 col. portr. et fig. sur acier grav. par Nargeot, br.

455. NECKER. De la Révolution française. *S. l.*, 1796, 4 vol. in-8, demi-rel. bas.

456. NODIER (Charles). Rêveries. *Paris*, *Renduel*, 1832, in-8, cart.

Tome V des Œuvres de l'auteur.
Cachet sur le titre.

457. NOTICE historique sur le marquis de Lafayette, suivie d'une lettre d'un père à son fils, désespéré de n'avoir pas été élu officier dans la garde nationale. *Paris*, *Delaguette*, 1789, in-8 de 24 pages, dérelié.

458. OLIVIER. Alphabet de l'imperfection et malice des femmes, par Jacq. Olivier, dédié à la plus mauvaise du monde. *Rouen*, *Pierre Dupuys*, 1634, in-12, vél.

M. Paul Lacroix ne doute pas que Jacq Olivier n'ait eu en vue la reine Marguerite de France, première femme de Henri IV, en dédiant ce livre *à la plus mauvaise de toutes*.

459. OPÉRA (L') ET SES ORIGINES, réunion de 6 vol. in-12, cart. et brochés.

L'Opéra de 1645 à 1847. *Paris*, *Breteau*, 1847. — Vie et aventures des cantatrices célèbres, par Escudier. *Paris*, *Dentu*, 1856. — Petits mémoires de l'Opéra, par de Boigne. *Paris*, 1857. — Origines de l'Opéra et le ballet de la reine (1581), par L. Celler. *Paris*, *Didier*, 1868. — Deux siècles à l'Opéra (1669-1868), par Nérée Désarbres. *Paris*, *Dentu*, 1868. — Fantoches d'Opéra, par La Glaize. *Paris*, *Tresse*, 1881.

460. ORLÉANS (Hubert d'). Confession générale du chevalier de Wilfort, *Londres*, 1758, in-12, br.

461. ORTIGUE DE VAUMORIÈRE (Pierre d'). L'Art de plaire dans la conversation. *Paris*, 1692, pet. in-12, br.

462. OWEN. Les Pensées ingénieuses, ou les épigrammes d'Owen, traduites en vers françois par M. le B*** (Ant.-Louis Le Brun), avec le latin à coté. *Bruxelles*, *Léonard*, 1710, pet. in-12, vél.

463. OZANAM. La Fortification régulière et irrégulière, qui comprend la construction, l'attaque et la défense de toutes sortes de places. *Paris*, *Claude Jombert*, 1711, in-8, pl. grav. et pliées, v. gran.

464. Pagès (François). Les Amans comme il y en a peu, ou les délices du sentiment. *Paris, Manory, an IX* (1801), 2 vol. in-12, fig. br.

465. Pajon (Henri). Histoire du prince Soly, surnommé Prénany et de la princesse Feslée, par M. de C.., le fils (Henri Pajon). *Amsterdam*, 1746, 2 part. en 1 vol. in-12, br.

466. Palais (Le) du silence, contes philosophiques. *Amsterdam, Van Harrevelt*, 1755, 2 parties en 1 vol. in-12, 1 frontisp. gr. br.

467. Pallavicini (Ferrante). La Bersabée. *In Roma, Per l'Herede del Mancini*, 1658, in-12, vél.

Très court de marges.

468. Papillons (Les), métamorphoses terrestres des peuples de l'air, par Amédée Varin, texte par Nus et Méray. *Paris, de Gonet, s. d.*, 2 vol. gr. in-8, fig. en couleur, cart. percal. bleue, tr. dor.

469. Parent-Duchatelet. De la prostitution dans la ville de Paris, notice par Leuret. *Paris, Baillière*, 1836, 2 vol. in-8, br.

470. Paris and its environs, displayed in a series of two hundred picturesque views, from original drawings, taken under the direction of Pugin, the engravings executed of Heath with descriptions. *London*, 1831, 2 vol. in-4, nombr. planches sur acier, demi-rel. v. brun avec coins.

Texte anglais et français.

471. Paris ou le livre des Cent-un. *Paris, Ladvocat*, 1831-34, 15 vol. in-8, br.

472. Parnasse (Le) des plus excellens poètes de ce temps (publié par d'Espinelle). *Paris, Mathieu Guillemot*, 1607, 2 parties en 1 vol. in-12, titre gr. par L. Gaultier, vél. à recouvr.

472 *bis*. ——— des plus excellens poètes de ce temps (publié par d'Espinelle). *Paris, Mathieu Guillemot*, 1628, 2 forts vol. in-12, titres gravés par L. Gaultier, bas.

473. Parny (Evariste). Œuvres. *Paris, Debray*, 1808, 4 vol. in-12, br.

474. PASCAL. Les Provinciales, ou les Lettres escrites par Louis de Montalte à un provincial de ses amis et aux RR. PP. Jésuites sur le sujet de la morale et de la politique de ces Pères. *Cologne, L. de la Vallée*, 1657, pet. in-12, vél.

Exemplaire de l'édition originale. Hauteur : 129 mill. Très légères taches d'humidité.

475. ——— Les Provinciales, ou les Lettres écrites par Louis de Montalte à un provincial de ses amis et aux RR. PP. Jésuites... 7e édition, dans laquelle on a ajouté la lettre d'un avocat du Parlement à un de ses amis. *Cologne, Schoute*, 1669, pet. in-12, bas.

476. PASSERAT. Œuvres. *Bruxelles, George de Backer*, 1695, 7 part. en 1 vol. in-12, 7 frontisp. grav. bas.

Sabinus. — L'Heureux Accident. — Le funct campagnard. — Amarillis. — Le grand ballet d'Alcide et d'Hébé. — Le bel Anglais. — Recueil de poésies.

477. PASSE-TEMPS ROYAL (Le) de Versailles, ou les amours secrètes de Madame de Maintenon. *Cologne, Pierre Marteau*, 1675, broch. in-12 de 82 pages, frontisp. gr.

478. PAUL-JONES, ou prophéties sur l'Amérique, l'Angleterre, la France, etc., par Paul-Jones, corsaire, prophète et sorcier comme il n'en fut jamais. Y joint le rêve d'un suisse sur la révolution de l'Amérique. *De l'Ere de l'indépendance de l'Amérique, l'an V*, in-8, cart.

479. PELTIER (J.). Dernier tableau de Paris, ou Récit historique de la Révolution du 10 août. *Londres*, 1792-1793, 2 vol gr. in-8, 2 portraits, cart. ébarb.

480. PÉRAU (l'abbé G. L.). Les Francs-maçons écrasés, suite du livre intitulé « l'Ordre des francs-maçons trahi. » (Traduit du latin par l'abbé Larudan.) *Amsterdam*, 1747, in-12, front. et fig. br.

481. PETRARCA (Il) con nuove spositioni. *In Lyone, appresso Gulielmo Rouillio*, 1564. — Tavola di tutte le rime de i sonetti e canzoni del Petrarca, ridotte co i versi interi sotto le lettere vocali. *Lyone*, 1564.— 2 parties en 1 fort vol. pet. in-12, parch.

482. Pétrone, latin et français, traduction (par Nodot), augmentée de la contre-critique. *S. l.*, 1713, 2 vol. pet. in-8, fig. bas.

Quelques cassures dans les marges.

483. Pezay (le marquis de). Traduction en prose de Catulle, Tibulle et Gallus, par l'auteur des Sociétés helvétiennes et des Tableaux. *Amsterdam et Paris, Delalain*, 1771, 2 vol. in-8, pap. fort, front. d'Eisen, grav. par de Longueuil, bas.

484. Philosophe (Le) invisible, ou le Génie nouvelliste, critique et galant. *Utrecht*, 1741, in-12 carré, br.

485. Picard. Traité de nivellement... Mis en lumière par les soins de M. de La Hire. *Paris, François Montalant*, 1728, in-12, fig. br.

Mouillures.

486. Pièces relatives à l'affaire du Collier. Ens. 10 vol, ou brochures in-12.

Mémoire fait par l'avocat Daillot pour dame Jeanne de Saint-Remy de Valois, épouse du comte de La Motte. *S. l.* 1785. — Mémoire pour Jean-Charles-Vincent, bourgeois de Saint-Omer, accusé. *S. l.* 1786. — Sommaire pour la comtesse de Valois-la-Motte, accusée. *Hambourg*, 1786. — Requête à Nos Seigneurs de Parlement. à joindre au mémoire du comte de Cagliostro, 18 pages. — Mémoire pour le comte de Cagliostro, accusé. *Hambourg*, 1786. — Mémoire pour la demoiselle Le Guay d'Oliva, accusée. *S. l.* 1786. — Compte-rendu de ce qui s'est passé au Parlement relativement à l'affaire de M. le cardinal prince de Rohan. *S. l.* 1786. — Mémoire pour L. R. E. de Rohan, accusé. *Hambourg* 1786. Recueil de pièces authentiques et intéressantes... concernant le cardinal prince de Rohan. *S. l.*, 1786. — Réponse pour la comtesse de Valois-la-Motte au mémoire du comte de Cagliostro. *S. l*, 1786, in-12 de 68 pages cart. — Recueil de pièces authentiques pour servir d'éclaircissement à l'affaire concernant le cardinal prince de Rohan, *S. l.*, 1786, in-12 de 70 pages, cart.

487. Pignata. Les Aventures de Joseph Pignata, échappé des prisons de l'Inquisition de Rome. *Cologne, Pierre Marteau*, 1725, in-12, br.

488. Pinot-Duclos. Acajou et Zirphile, conte. *A Minute*, (*Paris*), 1744, in-12, fig. br.

Piqûres de vers aux deux derniers feuillets.

489. Pitaval (Gayot de). Saillies d'esprit, ou choix curieux de traits utiles et agréables, pour la conversation,

etc..... *Amsterdam, Michel Charles Le Cene,* 1727, pet. in-12, br.

490. PLÉIADE (La) : Ballade, Fabliaux, Nouvelles et Légendes. Homère, Véda-Vyasa, Marie de France, Burger, Hoffmann, Ludwig Tieg, Ch. Dickens, Gavarni, H. Blaze. *Paris, L. Curmer, rue de Richelieu,* 49, *au premier,* 1842, pet. in-8, frontispices à l'eau-forte, et vignettes dans le texte, demi-rel. bas. rouge, tr. marb.

Exemplaire entièrement conforme à la description détaillée qu'en donne Brivois. (Bibliographie des ouvrages illustrés au XIXe siècle.)

491. (POELLNITZ) (le baron Charles de). La Saxe galante. *Amsterdam,* 1734. — Anecdotes de l'abdication du roy de Sardaigne, Victor Amédée II, par le marquis de F*** en forme de lettre écrite au comte de C***, à Londres (par le marquis de Trivié, dit Vicardel de Fleury). *Genève,* 1734. — Ens. deux ouvrages en 1 vol. in-12, cart.

492. (POISINET DE SIVRY.) La Berlue. *Londres,* 1759, in-12, br.

493. POLAIN (Alph.). L'Inquisiteur, histoire liégeoise du XVIe siècle. *Liège,* 1839, br. grand in-8 de 96 pp. papier teinté jonquille.

494. PORTRAIT ou Éloge critique du comte de Mirabeau, par un Ami de la vérité. *Paris,* 1789, broch. in-12 de 51 pp.

495. POSTE (La) dévalisée, ou Lettres trouvées sur le grand chemin de Paris. *S. l.,* 1688, broch. in-12 de 71 pp.

496. (PRÉCHAC.) Le beau Polonois, nouvelle galante, *Paris, Ve Mauger,* 1681, in-12, bas. gr.

Mouillures.

497. PRÉVOST (l'abbé). Histoire de Marguerite d'Anjou, reine d'Angleterre. *Amsterdam, Jean Catuffe,* 1741, 4 parties en 2 vol. in-12, br.

498. ——— Histoire de Manon Lescaut et du chevalier des Grieux. *Paris, Didot,* 1797, 2 vol. in-18, fig. cart. non rog.

499. PROCÈS-VERBAL de l'Assemblée nationale, imprimé par son ordre. *Paris, Baudouin,* 1789-91, 782 parties en 70 vol. in-8, cart.

500. PROCÈS de Louis XVI, roi de France, suivi des procès

de Marie-Antoinette, de Mme Élisabeth et de Louis-Philippe, duc d'Orléans, etc.... par un ami du trône. *Paris, Lerouge*, 1814, 2 vol. in-8, portraits et fig. demi-rel. bas.

501. PROMENADES d'Ariste et de Sophie, ou Instructions galantes et sérieuses pour une jeune demoiselle qui veut entrer dans le monde. Par M. de L***. *Amsterdam, H. Du Sauzet*, 1730, in-12, front. cart. non rog.

502. PUISIEUX (Mme de). Les Caractères. *Londres*, 1751, gr. in-12, dérelié.

503. PYNE (W. H.). The World in miniature; England, Scotland, and Ireland, containing a description of the character, manners, customs, dress, diversions..... *London*, 1827, 4 tomes en 2 vol. in-12, fig. en couleur, cart. percal. viol. tr. dor.

504. CARTIER DE SAINT-PHILIPP. Le Je ne sais quoi. Mélanges curieux. *Utrecht, Jean Broedelet*, 1730, 2 vol. in-12, br.

Légères mouillures.

505. QUINAULT (D^lle^). Mémoires de 1715 à 1793. *Paris, Allardin*, 1836, 2 vol. in-8, cart.

Cachets sur les titres.

506. RABAUT SAINT-ETIENNE. Almanach historique de la Révolution françoise, pour l'année 1792. *Paris, Onfroy*, (*Imprimerie Didot l'aîné*), *s. d.*, in-18, fig. d'après Moreau, gr. par Halbou, Coiny, etc., cart. tr. dor.

Cet almanach historique est la réimpression ou plutôt un tirage à part du premier volume du *Précis historique*.

507. RABELAIS. Œuvres. *S. l.*, (*Amsterdam, Elzevier, à la Sphère*), 1666, 2 tomes en 1 vol. in-12, titre rouge, vélin à recouvr.

Bonne édition qui est la copie littérale de celle de 1633. Hauteur 134 mill.

508. ——— Œuvres, publiées sous le titre de faits et dits du géant Gargantua et de son fils Pantagruel, avec la prognostication pantagrueline..... édition augmentée de remarques (par Gueulette et Jamet l'aîné.) *Paris, Prault*, 1732, 6 tomes en 5 vol. pet. in-8, fig. v. ant. gr.

509. RABOT. La Tour de Londres. *Paris, Labot et Lelong*,

1835, 2 vol. in-8, 2 vign. à l'eau-forte par May, montées sur Chine, cart.

Cachets sur les titres.

510. RACINE. Œuvres. *Amsterdam*, *Arkstée et Merkus*, 1760, 3 vol. gr. in-12, portr. et fig. br.

511. RAISSON (Horace). Code de la chasse, manuel complet du chasseur, suivi du code de la pêche, par M. de C....y. *Paris*, *Lefebvre*, 1829, in-12, br.

512. RAVANNE (Chevalier de). Mémoires. *Liège*, 1740, 2 vol. in-12, br.

513. RAYNAL (l'abbé). Histoire du Parlement d'Angleterre. *Londres*, 1748, in-12, br.

514. RÉAUMUR (de). Art de faire éclorre et d'élever en toute saison des oiseaux domestiques de toutes espèces.... *Paris*, 1749, 2 vol. in-12, fig. br.

515. RÉCIT historique et judiciaire du procès intenté par le roi d'Angleterre, contre la reine, par les auteurs de l'Écho des tribunaux. *Paris*, 1820, in-8 de 84 pp. portr. cart. non rog.

Cachet sur le titre.

516. RÉCLAMATION de l'innocence injustement opprimée, ou nullité de la sentence. *S. l. n. d.*, in-8, cart. non rog.

517. RECUEIL DE PIÈCES diverses. Ensemble 5 pièces réunies en 1 vol. in-12, bas.

Lettre d'un Génois à son correspondant à Amsterdam, (par de Fieux de Mouhy). *Gênes*, 1747. — Histoire de la Félicité (par l'abbé de Voisenon). *A Amsterdam*, 1751. — Testament littéraire de l'abbé Guyot-Desfontaines. *La Haye*, 1746. — Mémoire pour servir à commencer l'histoire des araignées aquatiques (par l'abbé Lelarge de Lignac, publié par Lieutaud de Trois Villes). *Paris*, *Pissot*, 1749. — Caliste, ou la belle pénitente, tragédie imitée de l'anglois (de Rowe, par le marquis de Maupré). *Paris*, *Cailleau*, 1750.

518. RECUEIL de quelques poésies nouvelles. *Amsterdam*, 1757, in-12, br.

519. RÉFLEXIONS de T*** sur les égarements de la jeunesse. *Paris*, *Nyon*, 1729, in-12, cart. non rog.

520. ——— sur les défauts ordinaires des hommes et sur leurs bonnes qualitez. *Paris*, *veuve Mabre-Cramoisy*, 1695, pet. in-12, front. gr. demi-rel. bas.

521. ——— morales, satiriques et comiques sur les mœurs

de notre siècle. *Liège, Broncard,* 1733, in-12, br.
Attribué à J. Fréd. Bernard.

522. REGNARD. L'Isle d'Alcine ou l'Anneau magique de Brunel, comédie inédite de Regnard, publiée d'après un manuscrit de la bibliothèque de l'Arsenal, par Hipp. Lucas. *Paris, Alphonse Lemerre,* 1867, broch. pet. in-16 de 47 pp. pap. vergé fort.

523. REGNIER. Les Œuvres, contenant ses satyres et autres pièces de poésie. *Amsterdam, Estienne Roger (à la Sphère), s. d.* (1710), in-12, front. gravé, bas.

524. ——— Satyres et autres Œuvres, accompagnées de remarques historiques, édition augmentée (par Lenglet-Dufresnoy). *Londres, Tonson,* 1733, gr. in-4, texte entouré de cadres rouges, front. fleur. et culs-de-lampe, cart. non rog.
Belle et bonne édition.

525. RELAND. La religion des Mahometans. Tiré du latin et augmenté d'une confession de foi mahométane. *La Haye, Isaac Vaillant,* 1721, in-12, titre et fig. gr. bas.

526. RELATION véritable de ce qui s'est passé à Constantinople avec M. de Guilleragues, ambassadeur de France où on montre clairement les bévues de la Gazette de Paris. *Chio, Pierre de Touche,* 1682, pet. in-12, bas.

527. RESTIF DE LA BRETONNE. Le Quadragénaire, ou l'Age de renoncer aux passions ; histoire utile à plus d'un lecteur. *Genève et Paris, Ve Duchesne,* 1777, 2 tom. en 1 vol. in-12, fig. demi-rel. bas. avec coins.
Le faux titre porte : « Le Quadragénaire ou l'homme de XL ans. »

528. ——— Le nouvel Abeilard, ou Lettres de deux amants qui ne se sont jamais vus. *Neufchâtel et Paris, veuve Duchesne,* 1778, 4 vol. in-12, 1 front. et 9 fig. demi-rel. bas. avec coins.

529. ——— Histoire des campagnes de Maria, ou Épisodes de la vie d'une jolie femme ; ouvrage posthume. *Paris, Guillaume,* 1811, 3 vol. in-12, cart. non rogn.
Le premier volume est formé de la préface et de la notice des ouvrages de Restif de La Bretonne.

530. RÉVEIL (Le) de Louis XVI, ou les Matinées secrettes des Thuileries ; extrait du portefeuille du bonhomme Jérôme. *Paris, Cuchet,* 1792, in-8, demi-rel. bas.

531. REYBAUD (L.). Le Dernier des commis-voyageurs, par l'auteur de Jérôme Paturot. *Paris, Michel Lévy*, 1845, 2 vol. in-8, cart. non rog.

532. RICHARDSON (Samuel). Pamela, ou la Vertu récompensée. Traduit de l'anglois (par l'abbé A. F. Prévost). *Amsterdam*, 1744-1745, 4 vol. in-12, fig. bas.

Dans le texte se trouvent de nombreux passages soulignés à l'encre rouge.

533. ——— Pamela, or Virtue rewarded... *London, s. d.*, 4 vol. pet. in-12, fig. demi-rel. bas.

Cachets sur les titres.

534. ——— The History of Sir Charles Grandisson. *London*, 1812, 7 vol. pet. in-12, fig. cart. non rogn.

535. RICHER. Essai sur les grands évènemens par les petites causes, tiré de l'histoire. *Amsterdam, E. van Harrevelt*, 1758, in-12, cart. non rogn.

536. (RIVIÈRE.) Amusemens sérieux et comiques. *Paris, Jean Jombert*, 1723, in-12, bas. granit.

537. ROBBÉ DE BEAUVESET. Œuvres badines. *Londres*, 1801, 2 vol. in-12, cart. non rog.

538. ROGER BON-TEMPS en belle humeur. *Paris*, 1797, 3 vol. pet. in-12, cart. non rogn.

Attribué au duc de Roquelaure ou à Leroy, fameux plagiaire.

539. ROLAND, tragédie, représentée le 8 janvier 1685. *Paris, Ballard*, 1685, in-4 de 66 pp. front. gr. v. ant. gr.

540. ROLLIN (Anthelme). Une Fête sanglante, 1632. *Paris, Eugène Renduel*, 1834, in-8, cart.

Cachet sur le titre et mouillures.

541. ROSOY (Farmian de). Lettres de Cécile à Julie, ou les combats de la nature. *Amsterdam*, 1764, 2 parties en 1 vol. in-12, br.

542. ROSTAING. Le marquis de Carabas. *Paris, Delarue, s. d.*, in-8 obl. de 31 pp. titre et 15 fig. lithogr. et color. cart. perc. noire, fers spéciaux sur les plats, tr. dor.

543. ROUSSEAU (Jean-Jacques). Œuvres. *Londres, Cazin*, 1781-86, 36 vol. in-18, fig. de Moreau, grav. par Delvaux, mar. vert, fil. tr. dor. (*Reliure ancienne.*)

Contrat social, 1 vol. — Gouvernement de Pologne, 1 vol. — Discours sur l'inégalité, 1 vol. — Emile, 3 vol. (tomes 1, 2 et 4.) — Mémoires, 10 vol. — Dialogues, 2 vol. — Pensées, 2 vol. — Mélanges, 5 vol. (tomes 1, 3, 4, 5 et 6.) — Héloïse, 7 vol. — Pièces diverses, 4 vol.

544. (ROUSSET.) Histoire publique et secrète de la cour de Madrid dès l'avènement de Philippe V..... *Cologne*, 1719, in-12, 2 portr. br.

545. ROYER. Manoël, roman. *Paris*, *Ledoux*, 1834, in-8, cart.

Cachet sur le titre et mouillures.

546. ——— Histoire de l'Opéra. *Paris*, *Bachelin-Deflorenne*, 1875, pet. in-8, portraits à l'eau forte montés sur Chine, br.

547. RUSES (les) des filous et des escrocs dévoilées..... *Paris*, *Pillot*, 1804, in-12, front. gr. demi-rel. bas.

Contient :

Le premier consul, le Duc de Looz et Flachat, une Nymphe de Cythère et le Fermier; Friponnerie sans exemple; l'Intrigante et le Lord ; Trois Aventurières prêchant la morale ; Les deux Frères de la ville de Chartres ; Le Mari cocu et volé par son mari ; La Diligence de Bordeaux, etc.

Cachet sur le titre.

548. SAINT-AMANT (de). Moyse sauvé, idylle héroïque. *Leyde*, *Jean Sambix* (*à la Sphère*), 1654, pet. in-12, front. gr. vél.

549. SAINT-AUBIN. Le désaveu de la nature, nouvelles lettres en vers. *Londres et Paris*, *Fétil*, 1770, in-8 de 64 pp. front. de Sève, gr. par Née, cart.

550. SAINT-ESTIENNE (dom Claude). Nouvelle instruction pour connoistre les bons fruits, selon les mois de l'année, avec une méthode facile pour la connoissance des arbres fruitiers, et la façon de les cultiver. *Paris*, *Charles de Sercy*, 1687, in-12, v. ant. granit.

Armoiries sur les plats.

551. SAINT-FOIX. Lettres d'une Turque à Paris, écrites à sa sœur au Sérail. *Amsterdam*, *Pierre Mortier*, 1730, in-12. br.

552. SAINT-LAMBERT. Œuvres. *Paris*, 1798, 3 vol. pet. in-16, texte encadré de fil. noirs, br.

553. SAINT-MARC (de). Œuvres. *Genève et Paris*, *Monory*, 1775, in-8, portr. titre par Eisen, 1 fig. par Moreau, 2 vignettes de Marillier, grav. par Gaucher et Elluin, cart. non rog.

Cachet sur le titre imprimé.

554. SAINT-PIERRE (Bernardin de). Paul et Virginie. *Paris, Curmer*, 1838, gr. in-8, fig. demi-rel. bas. verte, avec coins, tr. peigne.

Edition recherchée pour les nombreuses vignettes sur bois intercalées dans le texte et ses jolies figures sur acier; elle est illustrée par Tony Johannot, Meissonnier, etc.....

Les figures hors texte du présent exemplaire sont sur Chine AVANT LA LETTRE, avec la légende sur papier de soie.

555. SALES (Saint-François de). Introduction à la vie dévote, édition revue par le P. Brignon. *Brusselles, Foppens*, 1728, in-12, portrait, bas.

556. SALLENGRE (Albert Henry). L'éloge de l'ivresse. *La Haye, P. Gosse*, 1714, in-12, front. br.

557. SAND (Maurice). Masques et Bouffons (comédie italienne), texte et dessins par Maurice Sand, gravures par Manceau, préface par George Sand. *Paris, Michel Lévy*, 1860, 2 vol. très grand in-8, fig. demi-rel. bas. bleue, plats recouverts de percal. bleue, tr. dor.

Exemplaire avec les figures coloriées.

558. SANDEAU (Jules). La dernière fée, accompagnée de : Vie et malheurs de Horace de Saint-Aubin. *Paris, H. Souverain*, 1836, 2 vol. in-8, br.

559. (SANDRAS DE COURTILZ.) Les intrigues amoureuses de la cour de France. *Cologne, Pierre Bernard (à la Sphère)*, 1685, in-12, vél.

560. SAUTREAU DE MARSY. Nouvelle anthologie françoise, ou choix des épigrammes et madrigaux de tous les poètes français depuis Marot. *Paris, Delalain*, 1769, 2 vol. gr. in-12, cart. non rog.

561. SCARRON. Le Romant comique. *Paris*, 1668, 2 parties en 1 vol. pet. in-12, front. gr. vélin.

Bonne édition en tout semblable à celle de 1662.

562. ——— Roman comique. *Londres*, 1781, 4 vol. in-18, br.

563. SCIENCE (La) curieuse, ou traité de la Chyromance..... *Paris, François Clousier*, 1665, in-4, fig. v. f. ant. tr. dor.

564. SCUDÉRY (Mlle de). La morale du Monde, ou conversations. *Amsterdam, Pierre Mortier*, 1638, in-12, titre gr. br.

565. SCUDÉRY (M. de). Alaric, ou Rome vaincue, poème héroïque. *Paris, Augustin Courbé*, 1656, in-12, frontisp. et fig. vél. à recouvr.

566. ——— Discours politique des Rois. *Paris*, 1663, pet. in-12, cart.

567. ——— Clélie, histoire romaine, dédiée à mademoiselle de Longueville. *Paris, Augustin Courbé*, 1756-1761, 5 parties en 17 vol. in-8, portr. et fig. bas.

Court de marges.

568. SERRÉ DE RIEUX (J. de). Les Dons des enfans de Latone : La Musique et la chasse du cerf. *Paris, Pierre Prautt*, 1734, in-8, front. 6 fig. par Oudry gravées par Lebas et 50 planches de musique gravées, bas.

569. SEVELINGES (Ch. L. de). Le Rideau levé, ou petite revue des grands théâtres, suivie d'une réponse au factum de M. Valabrègue, et une réplique d'un des chefs de son orchestre. *Paris, Maradan*, 1818, in-8, br.

570. ——— Le Rideau levé, ou petite revue des grands théâtres. *Paris, Maradan*, 1818, in-8, br.

571. SHENSTONE (Will). The Poetical Works. *London, s. d.* pet. in-12, fig. bas.

572. SHOBERL (Frédéric). The World in miniature : South Sea Islands : being a description of the manners, customs, character, religion, etc..... *London, s. d.* 2 tomes en 1 vol. pet. in-12, fig. en couleur, cart. percal. viol. tr. dor.

573. SILHON (de). Le ministre d'Estat, avec le véritable usage de la politique moderne. *Suivant la copie imprimée à Paris (à la Sphère)*, 1648-1651, 2 vol. in-12, bas.

574. ——— Le ministre d'Estat, avec le véritable usage de la politique moderne. *Amsterdam, Michiels (à la Sphère)*, 1661, 2 tomes en 1 fort vol. pet. in-12, vélin à recouvr.

575. SMOLLETT. The adventures of Peregrine Pickle, in which are included : Memoirs of a lady of quality. *London, s. d.*, 4 vol. in-12, fig. demi-rel. bas. non rog.

576. ——— The adventures of Roderic Random. *London, s. d.*, 2 vol. pet. in-12, cart.

577. ——— The adventures of Ferdinand Count Fathom, *London, s. d.*, 2 vol. pet. in-12, cart.

578. SOMMERY (Fontette de). Le Rosier et le Brouillard, conte par le même auteur de l'Oreille. *Paris, Cailleau*, 1791, in-12, cart. non rog.

579. SOUFFLE (le) de Zéphire. *Paris, Janet, s. d.* (1809). — Chansonnier dédié aux dames et aux demoiselles pour l'an 1813. *Paris, Le Fuel, s. d.* (1813). — Ensemble 2 vol. in-12, fig. sur acier, cart. tr. dor.

580. SOULIÉ (Frédéric). Les deux cadavres. *Paris, Eugène Renduel*, 1832, 2 vol. in-8, cart. non rog.
Cachets sur les titres.

581. ——— Le Magnétiseur. *Paris, Dumont*, 1834, 2 vol. in-8, cart.
Cachets sur les titres.

582. SPINOSA. Traité des cérémonies superstitieuses des Juifs; (traduit du latin par de Saint-Glain). *Amsterdam, Jacob Smith*, 1678, in-12 de 15 ff. prélim. 531 pages, 14 ff. de table, 1 f. d'errata et 30 pages pour les remarques, bas.

583. SPORTING, embellished by large engravings and vignettes illustrative of British field Sports. *London, Baily*, 1838, in-fol. titre et planches sur acier, cart. percal. verte, tr. dor.

584. STENDHAL (de). Le rouge et le noir, chronique du XIXe siècle. *Paris, Levavasseur*, 1831, 2 vol. in-8, cart. non rog.
Cachets sur les titres.

585. STERNE (Laurence). The Select Works. *Vienna, Sammer*, 1798, 9 vol. in-12, fig. bas.

586. ——— The Life and opinions of Tristram Shandy gentleman, to wich is added the sentimental Journey, with illustrations by George Cruikshank. *London, James Cochrane*, 1832, 2 vol. grand in-12, portr. et fig. cart. toile, ébarb.
Les figures ont été ajoutées.

587. STERN (Edouard). L'Hérétique et l'apostat, ou les Matinées de saint Barthélemy. *Paris, A. Pougin*, 1836, 2 vol. in-8, cart. non rog.

588. SUBLIGNY. La fausse Clelie, histoire françoise, ga-

lante et comique. *Amsterdam, chez Jacques Wagenaar (à la Sphère)*, 1671, pet. in-12, frontisp. gravé, vél.

La marge de côté des pages 259 à 279 est rognée à ras du texte.

589. SUE (Eugène). Plik et Plok. *Paris, E. Renduel*, 1831, in-8, cart. non rog.

Plick et Plock est le premier roman maritime qui ait été publié en France, il a paru dans un recueil littéraire, PREMIÈRE ÉDITION.
Très fortes mouillures.

590. SWIFT (J.). Gulliver's Travels into several remote Nations of the World. *London*, 1819, pet. in-12, front. et titre gr. cart. non rog.

591. TABLETTES mixtes, ou l'Inconnue à Londres. *Linn*, 1742, 2 vol. in-12, 2 grandes planches gravées et pliées, br.

592. TANTZERN (Joh.). Der Dianen hohe und niedere Jagtgeheimnùsz, darinnen die ganze Jagt-Wissenschafft auszfùhrlich zubefinden. *Koppenhagen* (1682), in-fol. texte à 2 col. front. et nombr. fig. gravées, cart.

593. TASCHENBUCH (Historiches) enthaltend die Geschichte der groszen französischen Revolution im Jahre 1789. *Braunschweig, s. d.* (1789), in-12, front. portr. des hommes de la Révolution et fig. gr. cart.

594. TASSO (Torquato). Aminta, Favola, Boscareccia. *Londra (Cazin)*, 1783, pet. in-18, titre gr. bas. écaille, fil. tr. dor.

595. TASSIUS (Achilles). Les Amours de Clitophon et de Leucippe, traduit du grec (par Jean Baudoin). *Paris, H. Jansen, an IV* (1796), in-18, fig. cart.

596. TENCIN (Mme de). La Religieuse intéressée et amoureuse, avec l'Histoire du comte de Clare, nouvelle galante. *Cologne*, 1732, in-12, front. br.

597. ——— Les Malheurs de l'Amour. *A Amsterdam*, 1759, 2 part. en 1 vol. in-12, br.

598. TESTAMENT (Nouveau) de Notre Seigneur Jésus-Christ, traduit en françois selon l'édition de la Vulgate, avec les différences du grec. *Mons, Migeot*, 1710. — Les Epistres de Saint-Paul, les Epistres canoniques, l'Apocalypse. *Mons, Migeot*, 1710. — 2 parties en 1 vol. pet. in-8, fig. mar. rouge, dent. plats doublés de tabis bleu, tr. dor. (*Rel. anc.*)

599. TEULIÈRES. Les quatre âges de la femme, poëme. *Paris, Guiguet et Michaud*, 1805, in-12, front. de Moreau, gravé par Du Villiers, cart. non rog.

600. THÉATRE. HISTOIRES anecdotiques de tous les théâtres de Paris. *Paris*, 1873-1875. Réunion de 15 vol. in-18, portr. photog. br.

Bouffes-Parisiens. — Folies-Dramatiques. — Variétés. — Palais-Royal. — Comédie-Française. — Vaudeville. — Gaité. — Opéra. — Gymnase. — Porte-Saint-Martin.

601. THÉATRE contemporain. Réunion de 37 vol. ou broch. in-12.

La Joie fait peur, comédie, par Mme Emile de Girardin, 1854. — La Question d'argent, comédie, par Alexandre Dumas fils, 1857. — Les Bibelots du Diable, féerie, par MM. Cogniard et Clairville, 1858. — Le Fruit défendu, comédie, par Camille Doucet, 1858. — Le Luxe, comédie, par Jules Lecomte, 1858. — Faust, opéra, par Jules Barbier et Michel Carré, 1859. — Le Père prodigue, comédie, par Alexandre Dumas fils, 1859. — Un Truc de mari, vaudeville, par MM. Raymond, Deslandes et E. Moreau, 1859. — Herculanum, opéra, par MM. Méry et Hadot, 1859. — Le Compère Guillery, drame, par Victor Séjour, 1860. — La Tireuse de cartes, drame, par Victor Séjour, 1860. — Le Duc Job, comédie, par Léon Laya, 1860. — La Pénélope normande, pièce, par Alphonse Karr, 1860. — L'Ange de minuit, drame, par Théodore Barrière et Edouard Plouvier, 1861. — Graziosa, ballet-pantomime de MM. J. Derley et Petipa, 1861. — La Perle noire, comédie, par Victorien Sardou, 1862. — La Loi du cœur, comédie, par Léon Laya, 1862. — Les Beaux Messieurs de Bois-Doré, drame, par George Sand et Paul Meurice, 1862. — Les Relais, comédie, par M. Louis Leroy, 1863. — Le Fils de Giboyer, comédie, par Emile Augier, 1863. — Moi, comédie de MM. E. Labiche et Edouard Martin, 1864. — La Vieillesse de Brididi, vaudeville de MM. Adolphe Choler et Henri Rochefort, 1864. — Neméa, ballet-pantomime, par MM. H. Meilhac, Lud. Halévy et Saint-Léon, 1864. — Don Quichotte, pièce par Victorien Sardou, 1864. — Une Journée à Dresde, comédie, par Alexandre Manceau, 1864. — Les Pommes du voisin, comédie, par Victorien Sardou, 1864. — L'Ami des femmes, comédie, par Alexandre Dumas fils, 1864. — Les Diables noirs, drame, par Victorien Sardou, 1864. — Les Vieux garçons, comédie, par Victorien Sardou, 1865. — Une Vendetta parisienne, comédie, par Albéric Second, 1869. — Le Petit Faust, opéra-bouffe, par H. Crémieux et Ad. Jaime, 1870. — Gretna-Green, ballet-pantomime de MM. Charles Nuitter et Louis Merante, 1873. — Sylvia, ballet, par Jules Barbier, 1876. — Philémon et Baucis, opéra-comique, par Jules Barbier et Michel Carré, 1877. — Le Fandango, ballet-pantomime, par H. Meilhac, Lud. Halévy et Mérante, 1878. — Yeda, ballet, par Philippe Gille, Arnold Mortier et L. Mérante, 1879. — Don Carlos, opéra de Méry et Camille Du Locle.

603. THÉATRE. Ouvrages divers sur le théâtre et pièces de théâtre. Réunion de 8 vol. in-8 et in-12, brochés.

Indiscrétions et confidences, par Audibert. *Paris, Dentu*, 1858. — Le marquis de Villemer, par George Sand. *Paris, Michel Lévy*, 1864. — La femme qui rit, ou Madame s'amuse. *Paris*, 1869. — Scènes et Comédies par Octave Feuillet. *Paris, Michel Lévy*, 1871. — La femme de Claude, par Al. Dumas, *Paris Michel Lévy*, 1873. — Figures d'opéra-comique, par A. Pougin. *Paris, Tresse,* 1875. — Les soirées parisiennes, par un Monsieur de l'orchestre (Arnold Mortier). *Paris, Dentu,* 1875 et 1878, 2 vol.

604. THÉATRE. Ouvrages divers sur le théâtre en général et la vie théâtrale. Réunion de 8 vol. in-12, brochés.

Les pieds qui r'muent : bals, danses et danseuses. *Paris,* 1863. — La vie moderne au théâtre, par Jules Claretie. *Paris, Barba,* 1869. — Décors, costumes et mise en scène au XVIIe siècle, par Lud. Celler. *Paris, Liepmannsohn,* 1869. — Théâtre de marionnettes, par Marc. Monnier. *Genève, Richard,* 1871. — Rose, splendeurs et misères de la vie théâtrale, par E. Cadol. *Paris, Dentu,* 1874. — Le théâtre français sous Louis XIV, par E. Despois. *Paris, Hachette,* 1874. — Annales du théâtre et de la musique, par Noël et Stoullig. *Paris, Charpentier,* 1876. — La langue théâtrale, par A. Bouchard. *Paris, Arnaud et Labat,* 1878.

605. THÉVENEAU de Maurande. Le Gazetier cuirassé, ou Anecdotes scandaleuses de la cour de France, mélanges confus sur des matières fort claires. — Le Philosophe cynique pour servir de suite aux Anecdotes scandaleuses de la cour de France. *Imprimé à cent lieues de la Bastille, à l'enseigne de la Liberté,* 1771. — Ens. trois parties en 1 vol. in-12, demi-rel. bas.

La fig. manque.

606. THOMPSON (James). The Poetical Works. *London, C. Cooke, s. d.,* in-12, fig. demi-rel. bas.

607. ——— The Seasons. *London,* 1783, in-18, v. rac. dent. tr. dor.

608. ——— The Seasons. *London,* 1803, in-12, fig. v. ant. granit.

Raccommodage au titre.

609. THOU (de). Mémoires pour servir à l'Histoire générale des Jésuites, ou extraits de l'Histoire universelle. *Paris,* 1761, in-12, bas.

610. THOURET (Antony). Blanche de Saint-Simon, ou France et Bourgogne. *Paris, Ladvocat,* 1835, in-8, portr. lithog. demi-rel. bas. r.

611. THUMMEL (de). Wilhelmine, poëme héroï-comique, traduit de l'allemand, par M. Huber, *Leipzig,* 1769, pet. in-8, fig. fleurons, vignettes et culs-de-lampe de Œser et Geyser, bas.

612. TOMBEAU (Le) des amours de Louis le Grand et ses dernières galanteries. *Cologne, Pierre Marteau (à la Sphère),* 1695, in-12, front. cart.

613. TŒPFER. Le Presbytère. *Genève*, 1839, 2 vol. gr. in 8, cart. non rog.
Cachets sur les titres,

614. TRAITÉ des chiens de chasse, par un des collaborateurs du traité général des chasses. *Paris, Rousselon*, 1827, in-8, fig. au bistre, demi-rel. bas.

615. TRELLON (de). Œuvres poétiques. *Lyon*, *Claude Michel*, 1594, pet. in-12, parch.
Piqûres de vers.

616. TRIOMPHE de l'amour sur toutes les créatures de l'univers, vainement représenté en devises et emblêmes latins, italiens, françois et allemands. *Augspourg*, *Léopold*, 1698, in-12, 1 titre, texte et fig. gr. bas.

617. TYPES et caractères anciens, d'après Fragonard et Dufey, texte par Mazuy. *Paris*, *Delloye*, 1840-41, 20 livr. in-4, papier vél. 20 lithogr. en couleur, en feuilles.
Ces 20 livraisons forment un volume-album complet (mai 1840 à fin avril 1841).

618. VADÉ. Œuvres complettes avec les airs notés. *Genève*, 1777, 4 tomes en 2 vol. in-8, demi-rel. bas.

619. ——— Œuvres diverses, réunies en 1 vol. in-12, dérelié.
La Pipe cassée. *Paris*, *Duchesne*, *s. d.* — Bouquets poissards et galants. *Paris*, *Duchesne*, *s. d.* — Lettres de La Grenouillère, entre M. Jerosme Dubois, Pêcheux du Gros-Caillou, et Mlle Nanette Dubut, blanchisseuse de linge fin. *Paris*, *Duchesne*, *s. d.* — Le Déjeuné de la Rapée, ou Discours des halles et des ports. *Paris*, *Duchesne*, *s. d.*

620. ——— Lettres de la Grenouillère entre Jerosme Dubois, pêcheux du Gros-Caillou et Nanette Dubut, blanchisseuse. *La Grenouillère et Paris*, *Duchesne*, 1756, in-12 de 46 pp. cart.

621. VALCOURT (comte de). Histoire du comte de Valcourt, écrite par lui-même. *Utrecht*, 1739, in-12, br.
Un morceau du titre a été coupé à la hauteur du fleuron.

622. (VAN EFFEN.) La Bagatelle, ou Discours ironiques où l'on prête des sophismes ingénieux au vice et à l'extravagance pour en mieux faire sentir le ridicule. *Amsterdam*, 1719, 3 vol. in-12, br.

623. VELSERIUS (Marcus). Examen de la liberté originaire de Venise (attribuée à Alphonse de la Cueva, ou plutôt à

Marcus Velserus), traduit de l'italien (par Amelot de La Houssaye), avec une harangue de Louis Heban contre les Vénitiens (traduite par le même Amelot). *Ratisbonne, Jean Aubri (à la Sphère)*, 1677, pet. in-12, bas.

Cet ouvrage est la traduction d'un livre curieux qui fut condamné au feu par le Sénat de Venise.

Mouillures.

624. VERNET (J.-J.). Anecdotes ecclésiastiques, tirées de l'Histoire du royaume de Naples, de Giannone, brûlée à Rome en 1726. *Amsterdam, Jean Catuffe*, 1738, in-12, bas.

625. VERTU (La) éprouvée, ou les Aventures de Lieb-Rose, histoire scythe imitée de l'allemand par M. le chevalier de ***. *Paris, J. P. Costard*, 1771, 3 parties en 1 vol. pet. in-12, demi-rel. bas.

626. VIE de Louis Philippe Joseph, duc d'Orléans, traduit de l'anglois par M. R. D. W. *Londres*, 1790, in-12, portr. gr. cart.

627. VIENNET (J. P. G.). La Tour de Montlhéry, histoire du XIIe siècle. *Paris, Abel Ledoux*, 1833, 2 vol. in-8, 2 fig. cart.

Cachets sur les titres.

628. VIGNACOURT (Chevalier de). Les Amusements de la campagne, ou le Défi spirituel, nouvelle galante et comique. *S. l.*, 1724, in-12, cart. non rog.

629. VILLARET. Anti-Pamela, ou Mémoires de M. D***. (Traduits de l'anglois.) *Arnhem*, 1753, in-12, br.

Le titre de cet exemplaire n'est pas celui de l'édition ; il est plus court, sur papier différent et a été ajouté.

630. ——— La Belle Allemande, ou les galanteries de Thérèse. *Strasbourg*, 1764, 2 part. en 1 vol. in-12, cart.

631. VILLE (Chevalier de). Les fortifications, contenant la manière de fortifier toutes sortes de places, avec l'attaque et les moyens de les prendre... *Paris*, 1666, in-8, planches gravées, v. ant. gran.

632. VILMAS (de). Vie et aventures d'Alphonse de Vilmas. *Paris, Michelet*, 1806, in-12, cart. non rog.

633. VIRGILII (P.) Maronis opera, cum integris commentariis, quibus et suas animadversiones, addidit Petrus

Burmannus, post cujus obitum interruptam editionis curam suscepit Burmannus junior. *Amsterdami, Jacobi Wetstein*, 1746, 4 vol. in-4, 1 front. et 1 vign. de Dubourg, demi-rel. bas. viol. non rog.

Cette édition est une des meilleures du grand poëte.

634. VOITURE. Ses Lettres(publiées par Martin de Pinchesne). *Paris*, 1654, in-12, titre gravé. et portr. vél. à recouvr.

635. VOISENON (l'abbé). Zulmis et Zelmaïde, conte. *Amsterdam*, 1745, in-12, br.

636. VOLTAIRE. Le Fanatisme, ou Mahomet le prophète, tragédie. *Amsterdam*, *Ledet*, 1753, in-8, front. gr. br.

637. ——— Memnon, histoire orientale. *Londres*, 1747, in-12, br.

638. ——— Le Micromégas. Avec une histoire des croisades et un nouveau plan de l'Esprit humain, *Londres*, 1752, in-12, br.

639. ——— Zadig, ou la Destinée, et le monde comme il va. *Frybourg*, 1753, in-12, br.

640. ——— Candide, ou l'Optimisme, traduit de l'allemand de M. le docteur Ralph. *S. l.*, 1759, in-12, cart. non rog.

Edition originale.

641. ——— Epître du Diable à M. de Voltaire, et réponse à l'épître du Diable... A *Paris et aux Délices*, 1760-61, 2 parties en 1 br. in-8 de 32 pp.

642. ——— La Bible enfin expliquée par plusieurs aumôniers de S. M. L. R. D. P. (Voltaire). *Londres*, 1776, 2 tom. en 1 vol. in-8, cart.

Exemplaire grand de marges et renfermant de nombreuses notes manuscrites très curieuses paraissant être émanées de Voltaire.

643. ——— Poèmes, épîtres et autres poésies. *Genève*, 1777, in-18, portr. v. rac. dent. tr. dor.

644. VOYAGE (Le) de l'isle d'amour, ou la clef des cœurs. *Paris*, *Witte*, 1713, in-12, br.

645. VOYAGE où il vous plaira, par Tony Johannot, Alfred de Musset et Stahl. *Paris*, *Hetzel*, 1843, in-4, fig. demi-rel. bas. bleue.

646. WAHLEN (Auguste). Ordres de chevalerie et marques d'honneur, histoire, costumes et décorations.—Supplément:

décorations nouvelles et modifications apportées aux anciennes depuis 1844. *Bruxelles*, 1855, gr. in-8 de 90 pp. nomb. fig. coloriées, br.

647. Wallhausen (J.-J. von). Kriegskunst zu Pferdt. Darinnen gelehret werden die Initia und Fundamenta der Cavallery... *Franckfort, am-M.*, 1616, in-4, titre gravé, nomb. planches, parch.

648. Yorick. Sentimental Journey through France and Italy. *London*, 1817, pet. in-12, titre gr. cart. non rog.

649. Young (Edward). The Complaint, or Night-Thoughts. *London*, 1783, 2 vol. in-18, v. rac. fil. tr. dor.

650. Zeiller. Topographia Galliæ, sive descriptio et delineatio. *Francofurti, Merian*, 1655, in-fol. frontisp. cartes et environ 200 planches grav. parch. à recouv.

Légères mouillures.

651. ——— Monarchia Hispanica oste een Reys-Beschrivinge door de gantsche Werelt verspreyt, etc... *Amsterdam*, 1659, fort vol. in-12, titre et planches gr. vélin.

Saint-Quentin. — Imprimerie J. Moureau et Fils.

Vve ADOLPHE LABITTE

LIBRAIRE DE LA BIBLIOTHÈQUE NATIONALE, 4, RUE DE LILLE, PARIS

LA BIBLIOPHILIE

ANCIENNE ET MODERNE, FRANÇAISE ET ÉTRANGÈRE

(2e ANNÉE)

Publication mensuelle paraissant le 10 de chaque mois

PAR LIVRAISONS DE 32 PAGES GRAND IN-8

ABONNEMENT : 3 FRANCS PAR AN

SOMMAIRE DU NUMÉRO DE JANVIER

VARIA : Carnet d'un Bibliophile. — Ventes à l'Étranger. — Divers. — Livres nouveaux. — **Annonces. — Catalogue de livres à prix marqués. — Desiderata.**

www.ingramcontent.com/pod-product-compliance
Ingram Content Group UK Ltd.
Pitfield, Milton Keynes, MK11 3LW, UK
UKHW021313190726
13839UKWH00007B/1219